KB175775

임동석중국사상100

삼자경

三字經

王應麟 編 / 林東錫 譯註

〈捕棗圖〉(宋) 臺北故宮博物院 소장

象犀珠玉琦怪之物有悅於人之耳目而不適於用金石草木絲麻五穀六材有適於用而用之則弊取之則竭悅於人之耳目而適於用用之而不弊取之而不竭賢不肖之所得各因其才而求無不獲者仁智之所見各隨其分而才分不同惟書乎

丁亥菊秋錄東坡李氏山房藏書記 丘堂呂元九

“상아, 물소 뿔, 진주, 옥. 진괴한 이런 물건들은 사람의 이목은 즐겁게 하지만 쓰임에는 적절하지 않다. 그런가 하면 금석이나 초목, 실, 삼베, 오곡, 육재는 쓰임에는 적절하나 이를 사용하면 닳아지고 취하면 고갈된다. 그렇다면 사람의 이목을 즐겁게 하면서 이를 사용하기에도 적절하며, 써도 닳지 아니하고 취하여도 고갈되지 않고, 똑똑한 자나 불초한 자라도 그를 통해 얻는 바가 각기 그 자신의 재능에 따라주고, 어진 사람이나 지혜로운 사람이나 그를 통해 보는 바가 각기 그 자신의 분수에 따라주되 무엇이든지 구하여 얻지 못할 것이 없는 것은 오직 책뿐이로다!”

《소동파전집》(34) 〈이씨산방장서기〉에서 구당(丘堂) 여원구(呂元九) 선생의 글씨

책머리에

중국의 역사, 학술, 민속, 지리, 사상 등 전반에 대한 모든 것을 이렇게 쉽게 정리한 책이 있을까 한다. 그것도 송대 시작되어 근현대에 이르도록 끊임없이 증보하고 보충하여 남녀노소 누구나 전체 줄기를 한 번에 익힐 수 있도록 편집을 거듭하였으니 정말 신기하고 유용한 책이다.

겨우 356구 1068자 87항에 그치는 적은 양과 글자 수이지만 그 속에는 중국 5천년 역사와 드넓은 동서남북, 수많은 인물과 관련 고사를 모두 아우르고 있으니 첫 편집자의 정리와 압축 능력은 대단하다고 아니할 수 없다. 그것도 아주 쉽게 세 글자씩 묶어, 문장이 되고 의미가 통할 수 있도록 정리하였으니 더욱 놀랍다.

물론 중국 사람이 아닌 우리에게도, 그리고 아이는 물론이요 어른에게도 이 책은 한번 섭렵하여 우리가 살아온 이 동양의 역사 맥락과 사유 체계를 훑어보는 데 더없이 많은 행복감을 제공해 주고 있다. 중국 경사자집經史子集의 정수만을 모아 세 글자로 묶어 외우기 쉽고 이해하기 쉽도록 정리한 당시 편집자의 마음이란, 바로 청년들로 하여금 배움이 얼마나 중요하며 그 학습의 요소로써 어떤 제재를 선택해야 하는지에 대하여 선지적 감각을 가지고 있었던 것이라 볼 수 있다. 그 때문에 곳곳마다 "배우고 익혀라, 그것도 어릴 때에"라고 권면하고 있다.

안지추顔之推는 《안씨가훈顔氏家訓》이라는 책에서 "어릴 때 외운 것은 죽을 때까지 입술에서 떨어져 나기지 않는다"라 하며 중요한 사항은 아예 외울 것을 권하였다.

따라서 이 《삼자경》은 그만큼 아직 가소성可塑性을 가지고 있는 동몽童蒙의 나이에 이러한 흥미 있고 동기를 유발할 수 있는 교재이며, 나아가 일찍이 이러한 관점에 맞추어 교육 자료로 개발되었다는 것은 눈여겨 볼 부분이다. 몽학서라 하여 가볍게 볼 것이 아니다. 황금과 같은 가치를 지니고 있으며 꿈을 심어주고 인성을 계발하며, 사회성을 길러주어 어울려 살 수 있도록 하며, 자신의 정당한 노력만이 훌륭한 결과를 얻는다는 긍정적 사고를 유도하는 이상적인 교재이다. 그 때문에 중국에서는 고래로 "삼백천三百千"이라 하여 이 《삼자경》을 《백가성百家姓》과 《천자문千字文》에 묶어 몽학서의 꽃으로 여겨왔던 것이며, 지방마다 방간본坊刊本이 흥행하였고, 서당마다 필독 학습서로 낭송되었으며, 집집마다 소장하여 비치해 두어, 그 절대 지위를 잃지 않고 이제껏 이어온 것이다.

그런가 하면 우리나라에서도 이 책이 조선시대 출간되어 널리 이용되어 왔음은 여러 기록이나 남아 있는 서책을 통해 알 수 있다. 지금은 이미 고전에 대한 적극적 보급이 희미하여, 많은 사람들은 이 《삼자경》을 그저 중국에서 흘러 다니는 하찮은 통속적인 기초 교재쯤일 것이라 하며, 더러는 들어보지도 못한 것으로 여기고 있다.

이제 이 책에 대하여 관련 주석을 샅샅이 모아 정리하고 참고자료까지 곁들여 우리도 한 번 읽어보고 학습해 볼 수 있도록 작업을 해 보았다. 완선完善할 수는 없겠지만 그래도 청소년을 위해 교재로 사용해도 손색이 없도록 하고자 하였다. 학술서가 아닌 평범한 교재를 이렇게 긴 시간을 들이고 공을 들인 것은 도리어 기초를 잘 닦는 것이 급선무라 여겼기 때문이다. 그리고 '삼백천'과 몽학서들을 묶어 본 총서의 하나의 부류로 격상시킨 것도 이러한 취지에서 기획되었음을 밝힌다. 많은 분들의 고견을 기다린다.

임동석이 부곽재에서 적다.

일러두기

1. 이 책은 《삼자경훈고三字經訓詁》(宋, 王應麟 著, 淸, 王相 訓詁. 影印本)와 기타 여러 본을 대조 비교하여 전체를 완역한 것이다.

2. 현대 백화어 역주본도 수집하여 참고하였으며 큰 도움을 받았다. 특히 《신역삼자경新譯三字經》(黃沛榮 譯註. 三民書局 1992. 臺北)은 구체적인 주석과 번역에 많은 참고 내용을 제공해 주어 큰 도움이 되었다. 그러나 이 책에는 방본坊本과 장병린章炳麟(太炎)의 중정본重訂本은 원문만 실려 있어, 필자는 이 역시 모두 일일이 주를 상세히 달았다.

3. 한편 북경연산출판사北京燕山出版社 본은 왕상王相 훈고본訓詁本의 원문만 제시되어 있으며, 앞에 제시한 전체 원문에도 도리어 민국民國 시기 통행본(속본)을 제시하고 있어, 그 문장 중 본 역주와 차이가 나는 것은 원문에서 설명하였다.

4. 모든 문장은 일련번호를 부여하여 연구와 검색에 용이하도록 하였다. 그러나 편장의 구분은 절대적인 것이 아니며, 일부 문장은 실제 서로 연결되어 있으나 읽기의 편의를 위하여 중간에서 분장分章한 것도 있다.

5. 읽기 란을 만들어 음을 정확히 알 수 있도록 하였으며, 다만 원음을 그대로 씀을 원칙으로 하였다.

6. 각주는 가능한 한 동일 문장이나 관련 자료를 모두 찾아 실어, 역주에서 다루지 못한 내용을 연구하고 대조하며 이해에 도움이 되도록 하였다.

7. 매 단락 끝에 왕상王相의 〈훈고訓詁〉 원문을 표점 정리하여 실어 이해에 도움이 되도록 하였다.

8. 부록에는 장태염章太炎 중정본 원문과 역대 왕조 세계표 및 왕상王相 〈훈고본訓詁本〉 원본을 영인하여 실어 연구와 활용에 도움이 되도록 하였다.

9. 이 책의 역주에 참고한 주요 문헌은 아래와 같다.

● 참고문헌

1. 《三字經訓詁》宋, 王應麟(著) 淸, 王相(訓詁) 中國書店 영인본. 1995. 北京
2. 《新譯三字經》黃沛榮(譯註) 三民書局 1992. 臺北
3. 《新譯三字經》黃榮沛(譯註) 三民書局 2003(수정판). 臺北
4. 《三字經》中國傳統文化讀本 編纂委員會 北京燕山出版社 1995. 北京
5. 《三字經註解》編輯部 國學出版社 1973. 基隆 臺灣
6. 《三字經》吳紹志(校釋) 祥一出版社 2003. 臺南 臺灣
7. 《三字經》宋, 王應麟(著) 杜海泓(編) 華文出版社 2009. 北京
8. 《三字經》宋, 王應麟(著) 李盛强(編) 重慶出版社 2008. 重慶
9. 《三字經》宋, 王應麟(著) 劉德來(編) 時代文藝出版社 2001. 長春 吉林
10. 《國學經典》《三字經》錢玄溟 中國長安出版社 2006. 北京
11. 《增廣賢文》中國傳統文化讀本 編纂委員會 北京燕山出版社 1995. 北京
12. 《百家姓》中國傳統文化讀本 編纂委員會 北京燕山出版社 1995. 北京
13. 《千字文》中國傳統文化讀本 編纂委員會 北京燕山出版社 1995. 北京
14. 《千字文》喩岳衡 岳麓書社 1987. 長沙 湖南
15. 《國故論衡》淸, 章太炎 1977. 廣文書局 臺北
16. 《十三經槪論》蔣伯潛 1977. 中新書局 臺北
17. 《二十五史述要》鄕粹出版社 1975. 臺北
18. 《中國歷史紀年表》華世出版社 1978. 臺北
19. 《中國歷史大事年表》(古代篇) 上海辭書出版社 1986. 上海
20. 《中國帝王譜》田鳳岐 寶文印務有限公司 2003. 天津
21. 《圖說中國歷史》周易 二十一世紀出版社 2002. 南昌 江西
22. 《中國歷史一千問》聞君 北京工業大學出版社 2006. 北京
23. 《正說中國三百五十帝》倉聖 黑龍江人民出版社 2006. 哈爾濱

24. 《中國學術槪論》林東錫 2002 전통문화연구회 서울

25. 《國學槪論》程發軔 正中書局 1974. 臺北

26. 《說文解字註》許愼(찬) 段玉裁(주) 漢京文化事業公司 1980 臺北.

27. 《急就篇》漢, 史游(찬) 岳麓書社(印本) 1989 湖南 長沙

28. 《玉篇》梁, 顧野王(찬) 國字整理小組(潘重規) 1980 臺北

29. 《列女傳》劉向(찬) 中華書局(인본) 1978 臺北

30. 《世說新語校箋》楊勇 正文書局 1992 臺北

31. 《四書讀本》廣東出版社(인본) 1973 臺北

32. 《四書集注》四部備要본 漢京文化事業公司 1978 臺北

33. 《戰國策》高誘(주) 中華書局 인본 1978 臺北

34. 《詩經》十三經注疏본 藝文印書館 인본

35. 《書經》十三經注疏본 藝文印書館 인본

36. 《易經》十三經注疏본 藝文印書館 인본

37. 《爾雅》十三經注疏본 藝文印書館 인본

38. 《儀禮》十三經注疏본 藝文印書館 인본

39. 《周禮》十三經注疏본 藝文印書館 인본

40. 《禮記》十三經注疏본 藝文印書館 인본

41. 《史記》鼎文書局 活字本 1976 臺北

42. 《漢書》鼎文書局 活字本 1976 臺北

43. 《後漢書》鼎文書局 活字本 1976 臺北

44. 《三國志》鼎文書局 活字本 1976 臺北

45. 《晉書》鼎文書局 活字本 1976 臺北

46. 《宋書》鼎文書局 活字本 1976 臺北

47. 《南齊書》鼎文書局 活字本 1976 臺北

48. 《北齊書》鼎文書局 活字本 1976 臺北

49. 《梁書》鼎文書局 活字本 1976 臺北

50. 《陳書》鼎文書局 活字本 1976 臺北

51. 《南史》鼎文書局 活字本 1976 臺北

52. 《北史》鼎文書局 活字本 1976 臺北

53. 《隋書》鼎文書局 活字本 1976 臺北

54. 《舊五代史》鼎文書局 活字本 1976 臺北

55. 《新五代史》鼎文書局 活字本 1976 臺北

56. 《舊唐書》鼎文書局 活字本 1976 臺北

57. 《新唐書》鼎文書局 活字本 1976 臺北

58. 《宋史》鼎文書局 活字本 1976 臺北

59. 《元史》鼎文書局 活字本 1976 臺北

60. 《金史》鼎文書局 活字本 1976 臺北

61. 《遼史》鼎文書局 活字本 1976 臺北

62. 《明史》鼎文書局 活字本 1976 臺北

63. 《毛詩品物圖攷》日, 岡元鳳(輯) 1779, 新世紀出版社印本 1975 臺南

64. 《文選》(增補六臣注文選) 華正書局(인본) 1977 臺北

65. 《初學記》鼎文書局 活字本 1976 臺北

66. 《藝文類聚》華正書局 1978 臺北

67. 《郡齋讀書志校證》晁公武(찬) 孫猛(교증) 上海古籍 1990 上海

68. 《資治通鑑》(宋, 司馬光) 逸舜出版社(活字本) 臺北

69. 《三才圖會》明, 王圻·王思義(編集) 上海古籍出版社 2005 上海

70. 《太平御覽》宋, 李昉(등) 中華書局(印本 4冊) 1995 北京

71. 《中國通史》(2책) 傅樂成 大中圖書公司 1973 臺北

72. 《中國通史》(2책) 李符桐(外) 文風出版社 1973 臺北

73. 《圖說中國歷史》周易(主編) 二十一世紀出版社 2002 江西 南昌

74. 《中國歷史》(5冊) 香港中學適用 周佳榮(外) 香港教育圖書公司 1989 홍콩

75. 《中國歷史》聞君(主編) 北京工業大學出版社 2006 北京

76. 《圖說中國歷史》(上下) 中央編譯出版社 2007 北京

77. 《話說中國》(총 8裝 16冊) 李學勤(總顧問) 上海文藝出版社 2004 上海

78. 《中國史綱》張蔭麟(著) 九州出版社 2005 北京

79. 《正說中國三百五十帝》倉聖(著) 黑龍江人民出版社 2006 哈爾濱

80. 《圖說中國歷史》周易(主編) 二十一世紀出版社 2002 江西 南昌

81. 《中國歷史博物》(4책) 朝華(編輯) 朝華出版社 2002 北京

82. 《探索中國》(中國博物館) 文獻記錄片, 역사 비디오 CD 珍藏版 北京中聯
    視界文化傳播有限公司 北京

83. 《中華文明之旅》(7책) 趙超(外) 四川出版集團 2004 四川 成都

84. 《中國帝王譜》田鳳岐(編) 天津市寶文印務公司 2003 天津

85. 《中國地圖集》中國地圖出版社 1996 北京

86. 《中國歷史地圖集》地圖出版社. 新華書店 1982. 北京

87. 《中國歷史紀年表》華世出版社. 1978. 臺北

88. 《中國歷史年表》柏楊 星光出版社. 1979. 臺北

89. 《中國帝王皇后親王公主世系錄》柏楊 星光出版社. 1979. 臺北

90. 《中國歷史大事年表》上海辭書出版社. 1986. 上海

91. 《中國史問答》林煥文·張鳳(編) 黑龍江人民出版社. 1985 哈爾濱

92. 《中國文化史三百題》上海古籍出版社. 1987 上海

93. 《中國大百科全書》(中國歷史. 3책) 中國大百科全書出版社, 1992, 北京

94. 《中國大百科全書》(民族) 中國大百科全書出版社, 1986, 北京

　　　기타 工具書 등 일부 자료는 기재를 생략함.

해제

1. 《삼자경》의 저자

《삼자경》은 중국에서 가장 오랜 기간 보편적으로 이용되어 온 어린이용 국학교재이며 몽학서蒙學書이다. 몽학서로는 흔히 『삼백천三百千』이라 하여 이 《삼자경》과 《백가성百家姓》,《천자문千字文》 세 종류를 들고 있으며 그 중 이 《삼자경》은 3글자씩 문장을 이루어 356구 1068자(황패영黃沛榮은 354구 1062자라 함)로 이루어진 아주 짧은 분량이다. 그러나 그 내용은 초보적인 경사자집經史子集은 물론 도덕 상식, 예절, 인의, 권학, 고사 등 언급하지 아니한 것이 없다.

이 책이 이루어진 연대와 작자에 대해서는 아직 정설은 없다. 그러나 송宋나라 때 왕응린(王應麟 : 1223~1296)이 지은 것으로 널리 알려져 있다. 왕응린은 자가 백후伯厚이며 호는 심녕거사深寧居士, 당호는 후재厚齋이다. 이종理宗 순우淳祐 때 진사에 올라 여러 벼슬을 거쳤으며, 특히 당시 권신 정대전丁大全, 가사도賈似道, 류몽염留夢炎 등과 다투면서 시정을 개혁하고자 직언을 잘 한 것으로도 유명하다. 그는 결국 예부상서겸급사중禮部尙書兼給事中을 끝으로 낙향하여 20여년을 저작에 몰두하였으며, 송나라가 망하자 세상에 나타나지 않았다 한다. 그는 《옥해玉海》,《곤학기문困學紀聞》,《옥당류고玉堂類稿》,《액원류고掖垣類稿》,《통감지리고通鑑地理考》,《한예문지고漢藝文志考》,《심녕집深寧集》,《소학감주小學紺珠》 등을 저술로 남겨 지금도 학계에 아주 널리 연구되고 있다.

그러나 사서에 이 왕응린이 《삼자경》을 지었다는 기록은 없으며, 다만 청나라 강희 때 왕상(王相, 자는 晉升, 호는 訒菴. 江西 臨川 사람으로 강희 연간에 明末

淸初의 書簡을 모아 《尺牘嚶鳴集》을 편찬하였으며 〈四庫全書目錄〉 194에 관련 기록이 있음.
현재 통행본 《千家詩》의 오언시를 편집하고 謝枋得의 칠언시까지 모두의 註解를 달기도
하였음.)이 《삼자경훈고三字經訓詁》(1666년) 교간기校刊記에서 "宋儒王伯厚先生
作三字經, 以課家塾. 言簡義長, 詞明理晳, 淹貫三才, 出入經史, 誠蒙求之津,
逮大學之濫觴也"라 하여 구체적으로 이 이름이 등장하기 시작하였다.(본 책의
부록 영인본 참조) 그리고 이어서 하지한夏之瀚은 왕응린의 《소학감주小學紺珠》
서序에 그가 《삼자경》을 지었다고 하였으며, 도광道光(淸, 宣宗. 1821~1850)
연간에 출간된 《삼자경주해비요三字經注解備要》의 서序에도 "宋儒王伯厚先生
三字經一書, 海內誨子弟之發蒙者, 咸珍若球刀"라 하였다.

그러나 이와 달리 명明나라 때 황좌黃佐는 《광동인물지廣東人物志》에서
이미 구적자區適子라는 사람이 지은 것이라 언급하였고, 명말 조남성趙南星은
《삼자경주三字經注》에서 "世所傳三字經, 女兒經者, 皆不知誰氏所做"라 하여
작자 미상으로 여기다가, 드디어 청나라 초기 굴대균屈大均은 《광동신어廣東
新語》(11)에서 "童蒙所誦三字經, 乃宋末區適子所作. 適子, 順德登州人, 字正叔,
入元抗節不仕"라 하여 구체적으로 적시하기에 이르렀다.

그런가 하면 능양조凌揚藻의 《여작편蠡勺編》에는 "今童蒙所誦《三字經》,
則南海區適子正叔撰, 中亦多押韻語. 康熙間, 有琅邪王相字晉升號訒菴者, 從而
箋釋之, 謂是宋儒王伯厚所作. 以伯厚著述最富, 中有《蒙訓》七十五卷, 《小學
諷詠》四卷, 遂億度而歸之爾! 其實區撰無疑也"라 하여 왕응린의 몽학서가
많음에 억측하여 그의 저술로 잘못 알고 있었던 것이며, 구적자가 찬술한
것이 확실하다고 하였다.

그리고 송宋 호인胡寅의 《서고천문叙古千文》 주석본(黃灝 註釋)의 오숭요
伍崇曜 발문跋文에 "又今童蒙所誦三字經, 實吾粤宋區適子正叔撰, 幷此以爲韶

齔者先路之導, 則興嗣所作, 宜嘆積薪矣"(道光 庚戌. 1850)라 하여 이 설을 주장하고 있다.

그 외에 심지어 어떤 이는 명말 여정黎貞이라는 사람이 지은 것이라 주장하기도 하였다. 즉 청대淸代 소진함邵晉涵의 시에 "讀得黎貞三字訓"이라 하고 자주自注에 "三字經, 南海黎貞撰"이라 하였다. 그러나 이는 증거가 전혀 없어 믿을 수가 없다고 보고 있다.

그 외에 왕응린의 저술이 아닐 것이라는 주장이 있다. 즉 본문의 "十八傳, 南北混"(061)을 두고 이는 송나라가 망한 뒤의 일을 적은 것으로 송대에 이 책이 출현할 수 없다고 주장하였다. 즉 왕정란王廷蘭의 《자미화관집紫薇花館集》에 "三字經者, 國朝喬松年《蘿藦亭札記》稱有王相者爲之注, 謂是王伯厚所作. 然其云「十八傳, 南北混」, 恐尚在伯厚之後"라 의심을 나타내었던 것이다. 그러나 이는 사실을 잘못 알고 한 주장이다. 왕응린이 죽은 1296년은 이미 남송이 멸망(1279)하고 18년 뒤이다. 따라서 시간을 두고 이처럼 추단하는 것은 이치에 맞지 않다.

다음으로 역시 호명옥胡鳴玉은 《정와류편訂訛類編》에서 "應麟《困學紀聞》尊蜀抑魏, 不當於此文又云:「魏蜀吳, 爭漢鼎」. 按此則非應麟所撰"이라 하여, 본문「위촉오魏蜀吳, 쟁한정爭(分)漢鼎」(054)을 두고 왕응린은 촉을 정통으로 보았기 때문에 이처럼 표현할 수 없다는 것이다. 그러나 광서光緖 30년(1904) 지선사至善社 판본의 《삼자경주해비요三字經註解備要》와 그 외의 《삼자경구석전집三字經句釋全集》의 여러 본에는 「위촉오魏蜀吳」로 되어 있으나, 《삼자경고실三字經故實》과 민국民國 14년(1925) 상해上海 굉대선서국宏大善書局에서 나온 《삼자경주해비요三字經註解備要》 및 《증보삼자경전문增補三字經全文》에는 모두 「촉위오蜀魏吳」로 되어 있어 시대가 변하면서 바뀐 것임을 알 수 있다. 게다가 왕응린의 《소학감주小學紺珠》(6)의 〈삼국명신이십인三國名臣二十人〉조에도 차례를 "魏九人, 蜀四人, 吳七人"이라 하여 '위촉오'로 순서를 삼고 있어, 본문 '위촉오'의 표현을 두고 왕응린의 작이 아니라 단정한다는 것은 전혀 근거가 되지 못한다.

그러나 결론적으로 말해 왕응린이 지었다는 확실한 증거도 없다. 작자를 알 수 없는 책을 뒷사람들이 왕응린의 박식함과 그가 지은 《몽훈蒙訓》(70권), 《소학감주小學紺珠》(10권), 《보주급취편補注急就編》(6권), 《소학풍영小學諷詠》(4권) 등 몽학서가 많음을 두고 그의 이름에 의탁한 것이라 볼 수도 있다. 결국 송대 어떤 유민이 원나라 때 지은 것이 아닌가 하며, 적호翟灝의 《통속편通俗編》(7, 《三字經》)에 의하면 명대 양응승梁應升이 이 내용을 중심으로 그림을 그렸고, 요성聊城 사람 부광택傅光宅이 서문을 썼으며, 조남성趙南星이 주注를 달았고, 명明 신종神宗은 태자였을 때 이 글을 읽었다고 한 것으로 보아, 명청대에 널리 성행하여 이름을 떨쳤음은 분명하다.

2. 《삼자경》의 가치

청말민초淸末民初의 경학대사 장병린章炳麟(1869~1936. 호는 太炎)은 《삼자경》에 대하여 "其書先擧方名事類, 次及經史諸子, 所以啓導蒙稚者略備"라 하면서 "急就章이나 凡將篇과 비견된다"고 하였으며, 앞서 거론한 왕상王相은 "蒙求之津逮, 大學之濫觴"이라 하였고, 《삼자경주해비요三字經注解備要》에서는 "옷소매 속에 넣고 다닐 《통감강목》"(一部袖裡通鑑綱目)이라 극찬하였다. 그리고 현대 장지공張志公 같은 이는 "다루고 있는 내용은 물론 언어 표현도 봉건

사회의 계몽교재로써 아주 대단한 편집이라 말할 수 있다"(無論就內容論, 或者 就語言論, 作爲封建社會的一本啓蒙敎材, 應該說確是編得高明的)라 하였다. 조남성趙南星은 "苟短而易讀, 殊便於開蒙"이라 하여 그 문자의 간결함과 쉽게 어린이를 깨우칠 수 있는 장점을 거론하였고, 명대 여곤呂坤은 "讀三字經, 以習見聞" 이라 하여 그 효용성을 높이 평가하기도 하였다.

3. 《삼자경》의 내용

3글자 356구; 1068자의 짧은 문장이지만, 첫 "人之初, 性本善"에서 인간의 존엄성을 제시함과 아울러 학습의 중요성에 대하여 아동에게 강조하고 있다. 그리고 성장에 맞추어 때를 놓치지 않을 것과 부모와 스승의 책임을 거론 하며 이어서 윤리와 도덕, 가족과 화목, 나아가 숫자와 상식, 견문을 거쳐 명물·사시·사방·오행·육곡·육축·칠정·팔음·구족·십의 등 주제어를 제시하여 그 내용을 주지시키고 있다. 그리고 역대 제자학에 대한 간단한 언급을 거쳐 경학부분에 들어가서는 학습과 독서의 순서를 정하여 사서·육경· 삼역·사시·삼전·오자 등을 일러주고 있으며, 중국 역사에 대한 기본 상식을 위한 역사 흐름은 비교적 많은 양을 할애하고 있다. 뒤이어 열심히 공부하여 성공한 이들의 일화를 실음으로써 학문에 게으름이 없도록 권면하며, 끝으로 자신의 성공을 거쳐 부모와 국가에 공헌하는 것이 최상의 목표임을 설명 하고 있다. 근면과 성실을 다할 것을 간곡히 경계하는 것으로 마무리짓고 있다.

4. 《삼자경》의 영향

　《삼자경》이 민간에 널리 애용되자, 이에 대한 주석과 증보·개정 등의 책들이 출현하기 시작하였고, 심지어 이러한 형식과 체제를 모방한 아류까지 등장하게 되었다. 즉 학자들로서 조남성趙南星의 《삼자경주三字經注》(명), 왕상王相의 《삼자경훈고三字經訓詁》(청), 하흥사賀興思 등의 《삼자경주해비요三字經注解備要》, 초헌씨焦軒氏의 《광삼자경廣三字經》이 있었으며, 경학대사 장태염章太炎 같은 이는 아예 《삼자경》을 증보하여 《중정삼자경重訂三字經》(1928년)을 직접 지어내기도 하였다. 그 외 민국民國 연간에는 시대 상황을 적절히 표현한 통속본通俗本 《삼자경》이 아주 널리 퍼져 나가기도 하였다.

　그리고 이를 모방한 책으로는 《여아삼자경女兒三字經》, 《의학삼자경醫學三字經》, 《시무삼자경時務三字經》 등이 있었고, 심지어 태평천국太平天國 때는 혁명 사상을 선전하기 위한 《삼자경》도 있었다.

　이를 황패영黃沛榮 삼민본三民本 《삼자경三字經》에 의해 정리하여 보면 다음과 같다.

가. 주석본(혹 개편본)

　(1) 《三字經注》 趙南星, 〈味檗齋遺書〉에 들어 있음.

　(2) 《三字經訓詁》 王相, 〈徐氏三種本〉 인본. 1990년 北京 中國書店 영인.

　(3) 《三字經故實》 王琪, 手稿本. 道光 12년(1832) 서문이 들어 있음.

　(4) 《三字經註解備要》 賀興思, 同治 연간본.

　(5) 《三字經注圖》 尙兆魚, 南京 〈李光明莊刊本〉.

　(6) 《三字經集注音疏》 光緒 3년(1877) 〈劉氏校經堂刊本〉.

　(7) 《三字經句釋全集》 廣州 醉經書局本.

(8) 《增補註釋三字經》連恆, 道光 22년(1842) 간본.

(9) 《增補三字經全文》范芳刊本.

(10) 《增訂啓蒙三字經》許印芳, 〈雲南叢書〉에 들어 있음.

(11) 《廣三字經》焦軒氏, 光緒 7년(1881) 廣仁堂 刊本.

(12) 《重訂三字經》章炳麟, 雙流黃氏濟忠堂刊本. 成都茹古書局本.

나. 모방본

(1) 《三字鑑》余懋勛(著), 陳超元(注), 同治 9년(1870) 간본.

(2) 《女三字經》朱浩文, 東聽雨堂 刊本.

(3) 《女訓三字文》賀瑞麟, 〈書經淸麓叢書外編〉.

(4) 《三字孝經》蘭湖漁夫, 南京 寶文書局.

(5) 《新編三字經》黃周星, 淸刊本.

(6) 《地理三字經》程思樂, 乾隆 6년(1741) 서문이 있음.

(7) 《繪圖增注歷史三字經》北京 文成堂 石印本.

(8) 《西學三字經》光緒 27년(1901) 인본.

(9) 《時務三字經》江翰, 光緒 28년(1902) 간본.

(10) 《增續淺說時務三字經》任恩綬, 光緒 31년(1905) 醉六堂 石印本.

(11) 《太平天國三字經》〈太平天國野史〉에 들어 있음.

(12) 《時勢三字經》民國 34년(1945) 臺灣 鹿港 信昌社 排印本.

(13) 《臺灣三字經》王石鵬 臺灣銀行 《臺灣史料叢刊》에 들어 있음.

(14) 《中華國民必讀三字經》汪翰(編), 黃朝傳(注), 民國 34년(1945) 臺灣 聯發興業公司.

⒂《精神教育三字經》張淑子, 民國 24년(1935) 臺灣 嘉義 蘭記圖書部.

⒃《光復新編臺灣三字經》廖啓章, 民國 34(1945) 臺灣 五原公司出版部.

⒄《天方三字經》劉智, 同治 9년(1870) 鎭江 淸眞寺 간본.

⒅《蒙漢三字經》崧岩富俊(譯) 道光 12년(1832) 간본.

⒆《滿漢三字經》陶格敬(譯) 北京 三槐堂 간본.

　지금 가장 널리 보편화 된《삼자경》은 청淸 도광道光 연간에 출간된 판본
이며, 그 외 여러 판본은 각기 내용의 증보가 있고 문자가 통일되지 않아
표준으로 삼을 수 있는 것은 없는 셈이다.

　한편 청 옹정雍正 5년(1727)에는 이《삼자경》이 러시아 어로 번역되어
지금도 전하고 있으며, 그 외 일어, 영어판 등도 출현하였다. 1990년에는
유엔 유네스코에서는 싱가폴에서 출간된 중영대조中英對照《삼자경》이
「아동도덕총서兒童道德叢書」로 선정되어 전세계에 널리 알려져 지금도 그 가치
를 인정받고 있다.

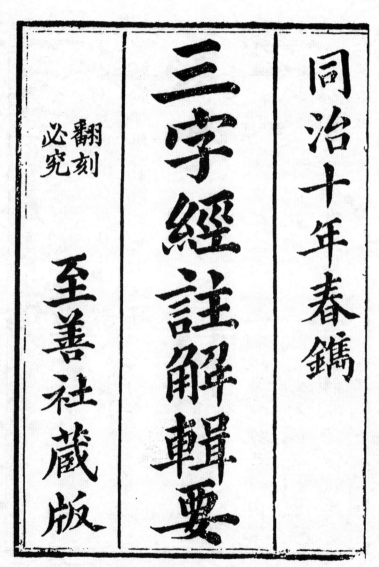

同治十年春鐫

三字經註解輯要

翻刻
必究

至善社藏版

《三字經註解輯要(備要)》 표지 同治 10년(1871) 至善社 藏版

三字經註解備要 上卷

俊儀王應麟伯厚先生手著

衡陽晚學賀興思先生註解

岳門朗軒氏較正

人之初　性本善

註

人泛指眾人也初是有生之初性是性理之性與下

性情性字不同此兩句乃立教之初發端之始也蓋

天以陰陽五行化生萬物氣以成形而理即賦焉是

三字經註釋備要《上卷》　一

三字經故實

宋澂儀王應麟伯厚甫著

平江王琪弁有氏輯

人之初性本善性相近習相遠苟不教性乃遷故

道貴以專昔孟母擇鄰家子不學斷機杼

孟子名軻字子輿戰國時鄹人系出魯公族五孫

慶父之後父名激字公宜早喪母仉氏有賢德擇

其子以居焫舍近墓孟子嬉戲廲墓間事踊躍築

《三字經故實》王琪 手抄本 道光 12년(1832)

《三字經故實》毛鼎亨 서문 부분(1832)

三字經釋句

此註專為教習初學書童而作故不求文詞深雅但以淺近之言釋之雖或高明見誚然訓迪童蒙在余又訓以此為合宜也

人之初　世人嗎　始初時　世人初生出世之

性相近　心性相去　不遠遠　人性皆同相去不

苟不教　設使唔　教訓道　設使唔教訓以善

教之道　教訓指人　方法　故教人要有方法

性本善　心性原本　瓦善　心性原本係真善

習相遠　習染相去　甚遠　後來或有習染為

性乃遷　心性於是　遷惡　心性於是變遷為

貴以專　晝畫用也　專心好　貴以專心教人方

《三字經釋句》 연도 미기재 廣州 醉經書局본

宋儒王伯厚先生作三字經以課家塾言
簡義長詞明理晰淹貫三才出入經史誠
蒙求之津逮大學之濫觴也予不揣荒陋
謬為訓詁不無贻諸髙明然於樳習之助
庶或有小補云爾歲在康熙丙午嘉平之
吉訒菴王相晋升甫識

三字經訓詁

人之初　性本善

此立教之初發端之始故本於人之初生
而言之天之所生謂之人天之所賦謂之
性秉彝之良謂之善人生之初始有知則
先識其母始學語則先呼其親孟子曰孩
提之童無不知愛其親也及其長也無不
知敬其兄也朱子曰人性皆善不其然乎

《三字經訓詁》王相 (훈고) 徐氏三種本, 康熙 丙午(1665) 서문이 있음. 부록을 볼 것.

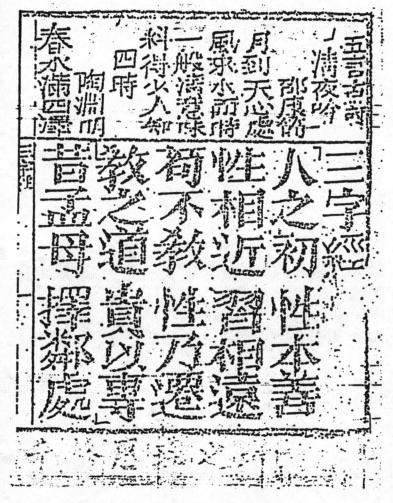

우리나라 조선시대 목판본《三字經》계명대 도서관 소장

〈榴開百子〉 山東 濰坊 楊家阜에 전하는 淸代 年畫

磁州窯〈白釉黑花嬰戲瓷罐〉부분 (元) 1994 遼寧 綏中 출토

〈兒童偸桃圖〉河北 宣化 下八里 遼墓 벽화

〈兒童跳繩〉河北 宣化 下八里 遼墓 벽화

〈桂序昇平〉(淸) 年畫 ‘燕山五桂’를 형상화한 것. 본책 004 참조

〈兒孩遊戲圖〉

차 례

❦ 책머리에
❦ 일러두기
❦ 해제

《삼자경》 본문

삼자경三字經

《삼자경》 전문全文

001: 人之初, 性本善. 性相近, 習相遠.
002: 苟不敎, 性乃遷. 敎之道, 貴以專.
003: 昔孟母, 擇鄰處. 子不學, 斷機杼.
004: 竇燕山, 有義方. 敎五子, 名俱揚.
005: 養不敎, 父之過; 敎不嚴, 師之惰.
006: 子不學, 非所宜. 幼不學, 老何爲?
007: 玉不琢, 不成器; 人不學, 不知義.
008: 爲人子, 方少時, 親師友, 習禮儀.
009: 香九齡, 能溫席. 孝於親, 所當執.
010: 融四歲, 能讓梨. 弟於長, 宜先知.
011: 首孝弟, 次見聞. 知某數, 識某文.
012: 一而十, 十而百. 百而千, 千而萬.
013: 三才者, 天地人. 三光者, 日月星.
014: 三綱者: 君臣義, 父子親, 夫婦順.
015: 曰春夏, 曰秋冬. 此四時, 運不窮.
016: 曰南北, 曰西東, 此四方, 應乎中.

017: 曰水火, 木金土, 此五行, 本乎數.
　　　(十干者, 甲至癸. 十二支, 子至亥. 曰黃道, 曰所躔.
　　　曰赤道, 當中權. 赤道下, 溫暖極. 我中華, 在東北.
　　　曰江河, 曰淮濟. 此四瀆, 水之紀. 曰岱華, 嵩恆衡.
　　　此五岳, 山之名. 曰士農, 曰工商. 此四民, 國之良.)
018: 曰仁義, 禮智信, 此五常, 不容紊.
　　　(地所生, 有草木. 此植物, 遍水陸. 有蟲魚, 有鳥獸.
　　　此動物, 能飛走.)
019: 稻粱菽, 麥黍稷. 此六穀, 人所食.
020: 馬牛羊, 雞犬豕. 此六畜, 人所飼.
021: 曰喜怒, 曰哀懼, 愛惡欲, 七情具.
　　　(青赤黃, 及黑白. 此五色, 目所識. 酸苦甘, 及辛鹹.
　　　此五味, 口所含. 羶焦香, 及腥朽. 此五臭, 鼻所嗅.)
022: 匏土革, 木石金, 與絲竹, 乃八音.
　　　(曰平上, 曰去入. 此四聲, 宜調協.)
023: 高曾祖, 父而身, 身而子, 子而孫. 自子孫, 至玄曾,
　　　乃九族, 人之倫.
024: 父子恩, 夫婦從; 兄則友, 弟則恭. 長幼序, 友與朋;
　　　君則敬, 臣則忠. 此十義, 人所同.
　　　(當順敘, 勿違背. 斬齊衰, 大小功, 至緦麻, 五服終.
　　　禮樂射, 御書數, 古六藝, 今不具. 惟書學, 人共遵,
　　　既識字, 講說文. 有古文, 大小篆, 隸草繼, 不可亂.
　　　若廣學, 懼其繁, 但略說, 能知原.)
025: 凡訓蒙, 須講究, 詳訓詁, 明句讀.

026: 爲學者, 必有初, 小學終, 至四書.

027: 論語者, 二十篇; 群弟子, 記善言.

028: 孟子者, 七篇止; 講道德, 說仁義.

029: 作中庸, 乃孔伋; 中不偏, 庸不易.

030: 作大學, 乃曾子, 自修齊, 至平治.

031: 孝經通, 四書熟. 如六經, 始可讀.

032: 詩書易, 禮春秋. 號六經, 當講求.

033: 有連山, 有歸藏, 有周易, 三易詳.

034: 有典謨, 有訓誥, 有誓命, 書之奧.

035: 我周公, 作周禮, 著六官, 存治體.

036: 大小戴, 註禮記, 述聖言, 禮樂備.

037: 曰國風, 曰雅頌, 號四詩, 當諷詠.

038: 詩既亡, 春秋作, 寓褒貶, 別善惡.

039: 三傳者: 有公羊, 有左氏, 有穀梁.

040: 經既明, 方讀子, 撮其要, 記其事.

041: 五子者: 有荀揚, 文中子, 及老莊.

042: 經子通, 讀諸史, 考世系, 知終始.

043: 自羲農, 至黃帝. 號三皇, 居上世.

044: 唐有虞, 號二帝, 相揖遜, 稱盛世.

045: 夏有禹, 商有湯, 周文武, 稱三王.

046: 夏傳子, 家天下, 四百載, 遷夏社.

047: 湯伐夏, 國號商, 六百載, 至紂亡.

048: 周武王, 始誅紂, 八百載, 最長久.

049: 周轍東, 王綱墜, 逞干戈, 尚游說.

050: 始春秋, 終戰國, 五霸彊, 七雄出.

051: 嬴秦氏, 始兼併, 傳二世, 楚漢爭.

052: 高祖興, 漢業建, 至孝平, 王莽篡.

053: 光武興, 爲東漢, 四百年, 終於獻.

054: 蜀魏吳, 分漢鼎, 號三國, 迄兩晉.

055: 宋齊繼, 梁陳承, 爲南朝, 都金陵.

056: 北元魏, 分東西, 宇文周, 與高齊.

057: 迨至隋, 一土宇, 不再傳, 失統緒.

058: 唐高祖, 起義師, 除隋亂, 創國基.

059: 二十傳, 三百載, 梁滅之, 國乃改.

060: 梁唐晉, 及漢周, 稱五代, 皆有由.

061: 炎宋興, 受周禪, 十八傳, 南北混.
   (遼與金, 皆稱帝, 元滅金, 絕宋世. 興圖廣, 超前坮,
   九十年, 國祚廢. 太祖興, 國大明, 號洪武, 都金陵.
   迨成祖, 遷燕京, 十六世, 至崇禎. 權閹肆, 寇如林,
   李闖出, 神器焚. 淸世祖, 膺景命, 靖四方, 克大定.
   由康雍, 歷乾嘉, 民安富, 治績誇. 道咸間, 變亂起,
   始英法, 擾都鄙. 同光後, 宣統弱, 傳九帝, 滿淸歿.
   革命興, 廢帝制, 立憲法, 建民國. 古今史, 全在茲.
   載治亂, 知興衰. 史雖繁, 讀有次. 史記一, 漢書二,
   後漢三, 國志四. 兼證經, 參通鑑.)

062: 十七史, 全在茲. 載治亂, 知興衰.
   (古今史, 全在茲. 載治亂, 知興衰.)

063: 讀史者, 考實錄. 通古今, 若親目.

064: 口而誦, 心而惟. 朝於斯, 夕於斯.

065: 昔仲尼, 師項橐, 古聖賢, 尚勤學.

066: 趙中令, 讀魯論, 彼既仕, 學且勤.

067: 披蒲編, 削竹簡. 彼無書, 且知勉.

068: 頭懸梁, 錐刺股, 彼不教, 自勤苦.

069: 如囊螢, 如映雪, 家雖貧, 學不輟.

070: 如負薪, 如掛角, 身雖勞, 猶苦卓.

071: 蘇老泉, 二十七, 始發憤, 讀書籍.

072: 彼既老, 猶悔遲; 爾小生, 宜早思.

073: 若梁灝, 八十二, 對大廷, 魁多士.

074: 彼既成, 衆稱異; 爾小生, 宜立志.

075: 瑩八歲, 能咏詩; 泌七歲, 能賦碁.

076: 彼穎悟, 人稱奇; 爾幼學, 當效之.

077: 蔡文姬, 能辨琴; 謝道韞, 能咏吟.

078: 彼女子, 且聰敏; 爾男子, 當自警.

079: 唐劉晏, 方七歲, 舉神童, 作正字.

080: 彼雖幼, 身已仕; 爾幼學, 勉而致.

081: 有爲者, 亦若是.

082: 犬守夜, 雞司晨. 苟不學, 曷爲人?

083: 蠶吐絲, 蜂釀蜜. 人不學, 不如物.

084: 幼而學, 壯而行. 上致君, 下澤民.

085: 揚名聲, 顯父母. 光於前, 裕於後.

086: 人遺子, 金滿籯; 我教子, 惟一經.

087: 勤有功, 戲無益. 戒之哉, 宜勉力.

001
본성은 선한 것

"사람은 태어나면서 본래 성품은 선한 것이었다.
본성은 서로 비슷하여 큰 차이가 없었지만,
습관에 의해 자꾸 멀어져
사람마다 그토록 차이가 생기게 된 것이다."

人之初, 性本善. 인지초, 성본선.
性相近, 習相遠. 성상근, 습상원.

【人之初】 사람이 세상에 태어남.
【性本善】 성선설(性善說)을 뜻함.《孟子》公孫丑(上)에 "孟子曰:「人皆有不
忍人之心. 先王有不忍人之心, 斯有不忍人之政矣. 以不忍人之心, 行不忍人
之政, 治天下可運之掌上. 所以謂人皆有不忍人之心者: 今人乍見孺子將入
於井, 皆有怵惕惻隱之心; 非所以內交於孺子之父母也, 非所以要譽於鄕黨朋
友也, 非惡其聲而然也. 由是觀之: 無惻隱之心, 非人也; 無羞惡之心, 非人也;
無辭讓之心, 非人也; 無是非之心, 非人也. 惻隱之心, 仁之端也; 羞惡之心,
義之端也; 辭讓之心, 禮之端也; 是非之心, 智之端也. 人之有是四端也, 猶其
有四體也"라 하여 사람에게는 4가지 기본 본성이 있으며, 그 본성은 선한
것으로 보았음. 이를 흔히 四端說이라 함. 전국 말기 이에 대응한 '性惡說'이
있으며, 이는 荀子(荀況)의 주장임.

外無道身詘矣而可
以信道吾未之信也。○子曰。性相近也習相
遠也。此所謂性兼氣質而言者也氣質之性則
遠也固有美惡之不同矣然以其初而言則

【性相近】《論語》陽貨篇에 "사람의 본성은 서로 비슷하나, 습관에 의해 서로 멀어진다."(子曰：「性相近也, 習相遠也.」)라 하였으며, 첫 장에 이를 기본으로 제시함으로써 본성을 잘 닦아 잃지 않도록 하는 것이 교육의 중요한 목표임을 강조한 것임.

王相〈訓詁〉

此立敎之初, 發端之始, 故本於人之初生而言之. 天之所生謂之人, 天之所賦謂之性, 秉彝之良謂之善. 人生之初, 始有知則先識其母, 始學語則先呼其親. 孟子曰：「孩提之童, 無不知愛其親也；及其長也, 無不知敬其兄也.」朱子曰：「人性皆善」不其然乎?

此承上文而言. 孔子曰：「性相近也, 習相遠也.」言人初生時, 智愚賢不肖皆同, 此性本相近而無別也. 及乎知識旣開, 氣稟各異, 資之敏者則爲智, 識之暗者則爲愚；循乎理者則爲賢, 縱乎欲者則爲不肖. 反之, 秉彝之善性, 不旣大相遠乎? 此無他, 習氣使然也. 惟君子爲能有養正之功, 而不使幼穉之性, 移於不善也.

「性相近」《論語》陽貨篇

002
가르치지 않으면

"만약 가르치지 않으면
본성은 엉뚱한 곳으로 옮겨 가고 말 것이다.
가르침의 도리는 집중을 다함을 중요하게 여긴다."

苟不教, 性乃遷. 구불교, 성내천.
教之道, 貴以專. 교지도, 귀이전.

【苟不教】'苟'는 부사로 '만약, 진실로'의 뜻.
【性乃遷】본성이 엉뚱한 곳으로 옮겨 가 전혀 다른 품성을 갖게 됨을 말함.
【道】원칙. 바른 길.
【貴以專】'專心一致'함을 귀한 것으로 여김. 집중력을 가지고 임하는 것이
　　중요하다는 뜻.

王相 〈訓詁〉

　　養正之謂何? 謂能教也. 人非聖人, 豈能生知? 非親不育, 非教弗成. 有子而
不教, 則昧其天賦之良, 悖理縱欲, 日遷於不善矣. 教之何如? 古者, 婦人有娠,
坐不偏, 臥不側, 立不跛倚, 行不亂步, 目不視惡色, 耳不聽淫聲; 不出亂言, 不食
邪味, 嘗行忠孝友愛慈良之事, 往往生子聰明, 才智賢德過人, 此未生之胎教也.

子能食, 敎以右手; 能言, 勿使嬌聲; 能行, 使知四方上下; 能揖, 敎以禮讓尊親, 此阿保母氏之敎也. 至於洒掃應對進退之節, 禮樂射御書數之文, 此父師之敎也. 然敎之之道, 又貴在專而無倦. 蓋不專, 則學難成就; 倦敎, 則子益廢弛, 非敎之善道也.

○娠, 音身.

「四端說」(부분) 《孟子》公孫丑(상)

003
맹자 어머니의 교육

"옛날 맹자 어머니는 이웃을 택하여 살았다.
아들이 제대로 공부를 하지 않자,
짜던 베를 잘라 버리고 북을 던져 버렸다."

昔孟母, 擇鄰處. 석맹모, 택린처.
子不學, 斷機杼. 자불학, 단기서.

【孟母】 맹자의 어머니. 자녀 교육의 모범으로 늘 거론됨. 성은 장씨(仉氏)였다
함. '孟母三遷', '三遷之敎', '斷機之敎', '孟母斷機' 등의 고사를 낳음. 孟子는
이름은 軻. 전국시대 사상가이며 孔子의 뒤를 이어 儒家를 선양하였고
性善說을 내세웠으며 王道政治를 주장함. 亞聖으로 불리며 《孟子》 7편을
남김.
【斷機杼】 杼는 베 짤 때 가로실을 넣는 북. 사(梭)와 같음. 韓嬰의 《韓詩
外傳》(9)에 "孟子少時誦, 其母方織. 孟輟然中止, 乃復進. 其母知其諠也, 呼而
問之曰:「何爲中止?」對曰:「有所失復得.」其母引刀裂其織, 以此誡之. 自是
之後, 孟子不復諠矣"라 하였으며, 劉向 《列女傳》(1) 母儀傳「鄒孟軻母」에는
"鄒孟軻之母也, 號孟母. 其舍近墓, 孟子之小也, 嬉遊爲墓間之事: 踊躍築埋.
孟母曰:「此非吾所以居處子也.」乃去, 舍市傍, 其嬉戲爲賈人衒賣之事. 孟母
又曰:「此非吾所以居處子也.」復徙舍學宮之傍, 其嬉遊乃設俎豆揖讓進退.
孟母曰:「眞可以居吾子矣.」遂居之. 及孟子長, 學六藝, 卒成大儒之名. 君子謂:

「孟母善以漸化.」詩云:『彼姝者子, 何以予之?』此之謂也. 孟子之少也, 既學而歸, 孟母方績, 問曰:「學何所至矣?」孟子曰:「自若也.」孟母以刀斷其織. 孟子懼而問其故. 孟母曰:「子之廢學, 若吾斷斯織也. 夫君子學以立名, 問則廣知, 是以居則安寧, 動則遠害. 今而廢之, 是不免於廝役, 而無以離於禍患也. 何以異於織績而食, 中道廢而不爲? 寧能衣其夫子, 而長不乏糧食哉? 女則廢其所食, 男則墮於修德, 不爲竊盜, 則爲虜役矣.」孟子懼, 旦夕勤學不息, 師事子思, 遂成天下之名儒. 君子謂:「孟母知爲人母之道矣.」詩云:『彼姝者子, 何以告之?』此之謂也. 孟子既娶, 將入私室, 其婦袒而在內, 孟子不悅, 遂去不入. 婦辭孟母而求去, 曰:「妾聞夫婦之道, 私室不與焉. 今者妾竊墮在室, 而夫子見妾, 勃然不悅, 是客妾也. 婦人之義, 蓋不客宿, 請歸父母.」於是孟母召孟子而謂之曰:「夫禮:『將入門, 問孰存?』所以致敬也. 『將上堂, 聲必揚』所以戒

〈孟母斷機圖〉清 康濤(畫)

人也. 『將入戶, 視必下』恐見人過也. 今子不察於禮, 而責禮於人, 不亦遠乎?」孟子謝, 遂留其婦. 君子謂:「孟母知禮而明於姑母之道.」孟子處齊而有憂色. 孟母見之曰:「子若有憂色, 何也?」孟子曰:「不敏.」異日閒居, 擁楹而歎. 孟母見之曰:「鄉見子有憂色, 曰不也. 今擁楹而歎, 何也?」孟子對曰:「軻聞之: 君子稱身而就位, 不爲苟得而受賞, 不貪榮祿. 諸侯不聽, 則不達其上; 聽而不用, 則不踐其朝. 今道不用於齊, 願行而母老, 是以憂也.」孟母曰:「夫婦人之禮: 精五飯, 羃酒漿, 養舅姑, 縫衣裳而己矣. 故有閨內之脩而無境外之志. 易曰:『在中饋, 无攸遂.』詩曰:『無非無儀, 惟酒食是議.』以言婦人無擅制之義, 而有三從之道也. 故年少則從乎父母, 出嫁則從乎夫, 夫死則從乎子, 禮也. 今子成人也, 而我老矣. 子行乎子義, 吾行乎吾禮.」君子謂:「孟母知婦道.」詩云:『載色載笑, 匪怒伊教.』此之謂也. 訟曰:『孟子之母, 教化列分. 處子擇藝, 使從大倫. 子學不進, 斷機示焉. 子遂成德, 爲當世冠.』」라 하여 자세히 싣고 있음.

母氏之教, 本於慈. 由巽而入, 教之所宜先也. 古之賢母, 能教子以成大名者, 惟孟母最著. 孟子, 名軻, 字子輿, 戰國鄒人也. 父早喪, 母仉氏, 居近屠肆, 孟子幼嘗嬉戲其間, 學爲屠人宰割之事, 孟母曰:「此非可以居子也」乃遷於鄰, 居近墳塋. 孟子又學爲埋葬哭泣之戲, 孟母曰:「此亦非可以居子也」又遷於學宮之旁, 孟子朝夕學爲揖讓之禮, 進退周旋之節. 孟母曰:「此可以教吾子矣」遂安居焉. 古語云:「交必擇友, 居必擇鄰」孔子曰:「里仁爲美. 擇不處仁, 焉得智?」其此之謂乎?

〇仉, 音掌.

杼者, 織機之梭. 孟母平居, 以織紡爲事. 孟子稍長, 出從外傅, 偶倦而返, 孟母引刀自斷其機. 孟子懼, 跪而請問, 母曰:「子之學, 猶吾之織也. 積絲成寸, 積寸成尺, 尺寸不已, 遂成丈疋. 今子學爲聖賢, 乃厭倦而求歸, 猶吾織布未成, 而自斷其機也.」孟子感悟, 乃往受業於子思之門, 紹明聖學, 皆母教也.

〇杼, 音暑.

004
연산燕山 두씨竇氏의 다섯 아들

"연산燕山의 두균竇鈞은 자식을 바른 도리로 가르쳤다.
그 다섯 아들을 잘 가르쳐 모두 이름을 드날렸다."

竇燕山, 有義方. 두연산, 유의방.
教五子, 名俱揚. 교오자, 명구양.

【竇燕山】 두우균(竇禹鈞)을 가리킴. 唐末 五代의 薊(지금의 河北 薊縣) 燕山
사람으로 연산에 두씨들이 살아 竇燕山이라 부른 것. 나이 서른이 되도록
자식이 없어 延壽寺에 가서 향을 피울 때, 금덩이를 주워 이를 주인에게
돌려 주었음. 뒤에 아들 다섯(儀·儼·侃·偁·僖)을 낳았는데 모두 진사에 급제
하자, 그 친구 馮道가 '燕山竇十郎, 教子有義方. 靈椿一株老, 丹桂五枝芳'이라
시를 써서 축하하였다 함. 이리하여 훌륭한 아들들을 '燕山五桂'라 부르게
되었음. 《宋史》(263) 竇儀傳에 "儀學問優博, 風度峻整, 弟儼, 侃, 偁, 僖, 皆相
繼登科. 馮道與禹鈞有舊, 嘗贈詩, 有「靈椿一株老, 丹桂五枝芳」之句, 縉紳多
諷誦之, 當時號爲竇氏五龍"이라 함.
【義方】 정의에 맞는 도리. 《左傳》 隱公 3년에 "臣聞愛子, 教之以義方, 弗納
於邪"라 함.
【五子】 두균의 다섯 아들로 竇儀, 竇儼, 竇侃, 竇偁, 竇僖. 모두 차례로 과거에
급제하여 당시 '竇氏五龍'이라 불렸으며 '丹桂'의 고사를 낳음. 《全唐詩》(737)
에 의하면 당시 馮道가 〈贈竇十〉이라는 글에서 "燕山竇十郎, 教子有義方.

靈椿一株老, 丹桂五枝芳."이라 함. 한편 《幼學瓊林》「祖孫父子」편에는 "父母
俱存, 謂之椿萱幷茂; 子孫發達, 謂之蘭桂騰芳"이라 하였고, 그 續增에는
"桂子聯芳, 見燕山之家敎; 蘭孫苗秀, 瞻馬氏之淸徽"하 하였으며, 「花木」편에는
"王祐知子必貴, 手植三槐; 竇鈞五子齊榮, 人稱五桂"라 함. 그리고 《昔時賢文》
에는 "能師孟母三遷敎, 定卜燕山五桂芳"라 함.

王相〈訓詁〉

　爲父之敎, 本於嚴. 以正而訓, 敎之不可忽也. 近代之嚴父, 能敎諸子皆成令
名者, 惟竇氏爲最. 竇禹鈞, 幽州人, 以地屬燕, 因號燕山. 其爲訓也, 家庭之禮,
肅於朝廷; 內外之防, 嚴於宮禁, 父子之訓, 凜於官師. 《左傳》石碏曰: 「愛子,
敎以義方, 弗納於邪.」 如燕山之敎, 可謂義方也已.
　○碏, 音雀.
　燕山五子, 儀, 儼, 侃, 偁, 僖, 宋初皆爲名臣鉅卿, 世守其父之家法, 奕葉貴顯,
皆嚴親訓迪之功也.
　○偁, 音稱. 迪, 音惕.

〈燕山五桂〉銅鏡

005
가르치지 않는 것은 부모의 과실

"자녀를 양육하되 가르치지 않는다면 이는 부모의 과실이요,
가르치되 엄하게 하지 않는다면 이는 스승의 게으름이다."

養不敎, 父之過; 양불교, 부지과;

敎不嚴, 師之惰. 교불엄, 사지타.

【養不敎】養은 '양육하다'의 뜻.

【父之過】司馬光(溫公)의 〈勸學歌〉에 "養子不敎父之過, 訓導不嚴師之惰. 父敎
師嚴兩無外, 學問無成子之罪. 煖衣飽食居人倫, 視我笑談如土塊. 攀高不及下
品流, 稍遇賢才無與對. 勉後生力求誨, 投明師莫自昧. 一朝雲路果然登, 姓名
亞等呼先輩. 室中若未結親姻, 自有佳人求匹配. 勉旃汝等各早脩, 莫待老來
徒自悔"라 함.

【惰】게으름. 소홀하게 가르침. 스승으로서 제대로 하지 못함을 뜻함.

> ┤ 王相 〈訓詁〉 ├
>
> 　父母之於子, 不患不慈, 但患失敎. 有子而不能敎, 豈非父之過乎?
> 　師長之於弟子, 不患無敎, 但患不嚴, 不嚴則弟子怠翫而不遵, 志荒而業廢矣.
> 此爲師之過也.

006

어릴 때 배워야 한다

"자식으로 태어나 배우지 않는다면 마땅한 사람이 될 수 없다.
어릴 때 배우지 않았다가 늙어지면 어쩌려 하는가?"

子不學, 非所宜. 자불학, 비소의.
幼不學, 老何爲? 유불학, 로하위?

【幼不學, 老何爲?】《昔時賢文》에 "少年不努力, 老大徒傷悲", "不患老而無成,
只怕幼而不學"이라 함. 한편 樂府〈長歌行〉에도 "百川東到海, 何時復西歸?
少壯不努力, 老大徒傷悲"라 함.

(王相〈訓詁〉)

　古語云：「養子不敎父之過, 訓導不嚴師之惰, 父敎師嚴兩無外, 學問無成子
之罪」又曰：「勿謂今日不學而有來日, 今年不學而有來年. 日復一日, 年復
一年, 嗚呼老矣, 是誰之愆?」言悔之無及也.

007
옥돌도 다듬지 않으면

"옥돌도 쪼아 다듬지 아니하면
그릇이 될 수 없고,
사람으로서 배우지 아니하면
도리를 알지 못한다."

玉不琢, 不成器; 옥불탁, 불성기;
人不學, 不知義. 인불학, 부지의.

【器】《禮記》學記에 "玉不琢不成器, 人不學不知道. 是故古之王者建國君民, 敎學爲先. 兌命曰: 「念終始曲于學, 其此之謂乎!」"라 한 말을 근거로 '道'를 '義'자로 고친 것. 한편 일부본에는 다시 '理'자로 고쳐 운을 맞추고자 한 것도 있음.

[王相 〈訓詁〉]

義, 道義也.《禮經》學記曰:「玉不琢, 不成器; 人不學, 不知道.」雖有美玉, 不琢不磨, 不成其物, 則無所用. 猶人雖有美材, 不勤學問, 則不能知禮義道德, 終不可謂成人也.

玉琢

〈琢玉圖〉 옥기 제조 공법

008
스승과 친구

"사람의 아들로 태어났다면 바야흐로 젊은 때에,
어진 스승과 훌륭한 친구를 가까이 하여
예와 의를 익혀야 한다."

爲人子, 方少時, 위인자, 방소시,
親師友, 習禮儀. 친사우, 습례의.

【親師友】《說苑》談叢篇에 "賢師良友在其側, 詩書禮樂陳於前, 棄而爲不善者, 鮮矣"라 함.
【習禮儀】 '儀'는 儀節, 節次, 儀典, 禮節, 法度 등의 사람 만남의 형식을 뜻함.

王相 〈訓詁〉

此言爲子弟之道也. 凡爲人子弟, 當少年無事之時, 宜當親近明師, 交結良友, 講習禮節儀文之事, 愛親敬長之道, 進德修業, 以爲立身之本.

009

황향黃香의 효성

"동한 때 황향黃香은 아홉 살 때
능히 아버지 잠자리를 따뜻이 할 줄 알았으니,
어버이에게 효를 다하여 자신이 지킬 일을 수행하였던 것이다."

香九齡, 能溫席. 향구령, 능온석.
孝於親, 所當執. 효어친, 소당집.

【香】黃香을 가리킴. 東漢 江夏 安陸(지금의 湖北 安陸) 사람으로 9살에 어머니를 잃고 아버지를 극진히 모셨음. 《後漢書》 文苑傳(上) 80 黃香傳에 "黃香字文彊, 江夏安陸人也. 年九歲, 失母, 思慕憔悴, 殆不免喪, 鄕人稱其至孝. 年十二, 太守劉護聞而召之, 署門下孝子, 甚見愛敬. 香家貧, 內無僕妾, 躬執苦勤, 盡心奉養. 遂博學經典, 究精道術, 能文章, 京師號曰「天下無雙江夏黃童」"이라 함. 한편 元 郭居敬의 《二十四孝》 扇枕溫衾에는 "漢, 黃香, 年九歲失母, 思慕惟切, 鄕人稱其孝. 香躬執勤苦, 一意事父. 夏天暑熱, 爲扇涼其枕席; 冬天寒冷, 以身暖其被褥. 太守劉護表而異之, 有詩爲頌. 詩曰: 「冬月溫衾暖, 炎天扇枕涼. 兒童知子職, 千古一黃香」"이라 함.
【溫席】겨울에 자신이 먼저 아버지의 잠자리에 들어가 체온으로 따뜻하게 해놓았음을 말함.
【當執】지켜야 할 일을 마땅히 지킴. '執'은 '職'이어야 하나 叶韻을 위해 같은 뜻의 글자로 바꾼 것임.

百行之首, 以孝爲先, 初學之士, 不可不知也. 昔漢時, 有江夏黃香, 年九歲, 卽知孝於親. 每當夏日炎熱之時, 則扇父母之帷帳, 使枕席淸凉, 蚊蚋遠避, 以待親之安寢. 至於冬日嚴寒, 則以身溫煖其親之衾裯枕席, 以待親之煖臥. 幼而行孝如此, 雖云天性, 然人子之道, 昏定晨省, 冬溫夏淸, 禮當然也.

○淸, 音靜.

효성으로 이름난 동영의 일화를 그린 〈董永侍父圖〉(畫像磚) 四川 渠縣 출토

010
공융양리孔融讓梨

"동한 때 공융孔融은 겨우 네 살 때
능히 먹는 배를 형에게 양보할 줄 알았으니,
윗사람에게 공손함을 다해야 함은
의당 일찍 알고 있어야 하는 것이다."

融四歲, 能讓梨. 융사세, 능양리.

弟於長, 宜先知. 제어장, 의선지.

【融】孔融(153~208). 자는 文擧. 建安七子 중의 하나. 東漢 魯國人. 孔子의
20세손에 문장에 능하였고 기지가 있었음. 李元禮(李膺)와의 '小時了了'의
고사로도 유명함. 뒤에 曹操의 미움을 받아 가족이 모두 피살됨. 아버지
孔宙는 泰山都尉를 지냄. 본장의 이야기는 '孔融讓梨'의 고사성어를 말하며
이는 《後漢書》(70) 孔融傳에 인용된 〈融家傳〉에 "兄弟七人, 融第六, 幼有自然
之性. 年四歲時, 每與諸兄共食梨, 融輒引小者. 大人問其故, 答曰:「我小兒,
法當取小者.」由是宗族奇之"라 함.
【弟於長】'弟'는 '悌'와 같음. 자신보다 나이 많은 이를 공경하고 형제간에
우애가 있음을 말함.

敦倫篤誼, 友于爲童. 兄弟之義, 幼學所宜知也. 漢時, 魯國孔融, 年始四歲, 卽知友愛敬讓之道. 時有饋送其家梨一筐, 諸兄競取之, 融獨後, 又擇其最小者取之. 人問:「爾何獨取小者?」答曰:「我本小兒, 當取小者」卽此可觀其謙恭敬讓之一端. 日後罹鉤黨禍, 兄弟一門爭死, 其孝友之風, 燦然千古矣.

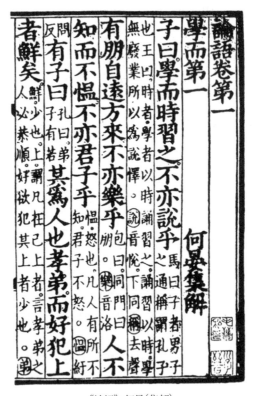

《論語》何晏(集解)

011
효제가 우선이다

"부모에게 효도하고 형제간의 우애가 가장 중요한 것이며,
견문으로 지식을 넓히는 것은 그 다음의 일이다.
숫자란 익히면 알게 되고, 글이란 익히면 깨우치게 된다."

首孝弟, 次見聞. 수효제, 차견문.
知某數, 識某文. 지모수, 식모문.

【孝弟】孝悌와 같음. 부모에게 효성을 다하고 형제간에 우애가 있음을 말함.
《論語》學而篇에 "子曰:「弟子, 入則孝, 出則弟, 謹而信, 汎愛衆, 而親仁. 行有
餘力, 則以學文.」"라 함.
【某數】숫자에 대한 학습을 말함.

王相〈訓詁〉

　孝弟之道, 人倫所當盡; 見聞之理, 幼學所宜知. 子曰:「行有餘力, 則以學文.」
知其目則爲數, 識其義則爲文.《易》曰:「君子多識前言往行, 日新其德.」孔子曰:
「多聞厥疑, 愼言其餘.」「多見厥殆, 愼行其餘.」及乎聞見旣廣, 知識其深, 則言
寡尤而行寡悔矣.

012
숫자는 십단위

"일에서 십까지, 그리고 십에서 백까지,
백에서 천까지, 천에서 만까지 미루어 알 수 있다."

一而十, 十而百. 일이십, 십이백.

百而千, 千而萬. 백이천, 천이만.

【一而十】 숫자가 10단위로 되어 있으므로 이를 미루어 백, 천, 만, 억……으로
셈할 수 있어야 함을 말함.

王相 〈訓詁〉

此以下皆言, 「知某數」也. 萬物之數, 起於一. 一者, 數之始; 十者, 數之終;
百者, 十之盈也.
十累而盈, 滿十則爲百; 百累而盈, 滿十則爲千; 千累而盈, 滿十則爲萬也.
過此以往, 數無紀極, 莫之能窮也.

013

삼재三才와 삼광三光

"삼재三才란 하늘과 땅과 사람이며,
삼광三光이란 해와 달, 그리고 별을 두고 하는 말이다."

三才者, 天地人. 삼재자, 천지인.

三光者, 日月星. 삼광자, 일월성.

【三才】 天地人. 우주 만물의 주체. (《周易》 繫辭傳(下) 참조) 《幼學瓊林》에
"日月五星, 謂之七政; 天地與人, 謂之三才"라 함.
【三光】 태양과 달, 그리고 별들. 하늘에서 빛을 내는 光體.

王相〈訓詁〉

混沌之氣, 輕淸者, 上浮而爲天; 重濁者, 下凝而爲地. 天地之間, 萬物羣生,
惟人最貴. 人爲萬物之靈, 氣稟陰陽, 道敦化育, 生生不息, 與天地參, 故曰三才.
日本乎陽之精, 照臨於晝; 月本乎陰之魄, 光明於夜. 五星列宿, 皆麗乎天,
輝煌燦爛, 布列森羅, 配乎日月, 謂之三光也.

"삼강三綱이란 임금과 신하 사이에는 의가 있으며,
부모와 자식 사이에는 친함이 있으며,
부부 사이에는 순종함이 있음을 말한다."

三綱者: 君臣義, 삼강자: 군신의,
父子親, 夫婦順. 부자친, 부부순.

【三綱】君臣有義, 父子有親, 夫婦有別을 말함. 인륜에 있어서 국가와 부자,
부부의 기본 윤상, 벼리.《白虎通義》三綱六紀에 "三綱者, 何謂也? 謂君臣·
父子·夫婦也"라 하였고,《周易》序卦傳에는 "有夫婦然後有父子, 有父子然
後有君臣"이라 함. 한편 흔히 삼강과 병칭되는 '五倫'은《孟子》滕文公(上)에
처음 보이며 "舜使契爲司徒, 敎以人倫: 君臣有義, 父子有親, 夫婦有別, 長幼
有序, 朋友有信"라 함.

王相〈訓詁〉

綱者, 統系也. 天下之大綱有三: 君正於朝, 爲臣之綱; 父正於家, 爲子之綱;
夫正於室, 爲妻之綱. 三綱旣正, 則君聖, 臣良, 父慈, 子孝, 夫和, 婦順, 宇宙
淸寧, 邦國平康矣.

사시四時

"봄과 여름, 그리고 가을과 겨울을
이를 사시四時라 하니,
운행하여 영원히 끊임이 없다."

日春夏, 日秋冬. 왈춘하, 왈추동.
此四時, 運不窮. 차사시, 운불궁.

【四時】네 계절. 무궁하게 변함없이 만물을 春生, 夏長, 秋收, 冬藏의 生長
收藏하는 힘을 가지고 있다고 믿었음.《論語》陽貨篇에 "子曰:「予欲無言」
子貢曰:「子如不言, 則小子何述焉?」子曰:「天何言哉? 四時行焉, 百物生焉,
天何言哉?」"라 함.

王相 〈訓詁〉

此言歲時之序也. 一歲之序, 分爲四時, 應乎北斗, 斗柄東指, 在寅, 卯, 辰,
萬物發生, 於時爲春; 斗柄南指, 在巳, 午, 未, 萬物暢茂, 於時爲夏; 斗柄西指,
在申, 酉, 戌, 萬物收斂, 於時爲秋; 斗柄北指, 在亥, 子, 丑, 萬物閉藏, 於時爲冬.
四時之循還不已, 運轉無窮, 寒暑送易, 而歲功成焉.

016
사방四方

"남쪽과 북쪽, 그리고 서쪽과 동쪽을
사방四方이라 하며,
가운데를 중심으로 대응하고 있는 방위이다."

曰南北, 曰西東. 왈남북, 왈서동.
此四方, 應乎中. 차사방, 응호중.

【應乎中】 가장 중앙에 대응함. 중앙을 동심원으로 하고 있음.

王相 〈訓詁〉

此言四方之位也. 正東之方, 其干甲乙, 其帝太皞, 其神勾芒, 盛德在木, 於常
爲仁, 於時爲靑陽; 正南之方, 其干丙丁, 其帝炎帝, 其神祝融, 盛德在火, 於常
爲禮, 於時爲朱明; 正西之方, 其干庚申, 其帝少皞, 其神蓐收, 盛德在金, 於常
爲義, 於時白藏; 正北之方, 其干壬癸, 其帝顓頊, 其神元冥, 盛德在水, 於常
爲智, 於時爲仸英; 中央之宮, 其干茂己, 其帝黃帝, 其神勾龍, 盛德在土, 於常
爲信, 於時寄旺乎四季四方, 春夏秋冬, 各有專司, 惟土居中用事, 四方咸應之也.
　○蓐, 音耨.

017
오행五行

"수, 화, 목, 금, 토를 일러
오행五行이라 하니, 이는 본래 천지를 이루어
서로 변화하는 수數와 물질의 개념이다."

曰水火, 木金土. 왈수화, 목금토.
此五行, 本乎數. 차오행, 본호수.

【五行】 만물의 기본 물질과 상태의 추상적인 개념으로 서로 영향을 주고받아 무궁한 변화, 생성, 소멸, 상생, 상극, 상성을 일으킴. 동양의 음양오행설을 말함. 《尙書》 洪範에 "五行: 一曰水, 二曰火, 三曰木, 四曰金, 五曰土"라 하였고

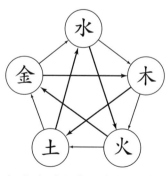

〈오행도〉 외부 가는 선은 相生관계,
내부 굵은 선은 相剋관계

孔穎達의 〈正義〉에 "易繫辭傳曰: 「天一地二, 天三地四, 天五地六, 天七地八, 天九地十.」 此卽是五行生成之數. 天一生水, 地二生火, 天三生木, 地四生金, 天五生土, 此其生數也; 如此則陽無匹·陰無耦. 故地六成水, 天七成火, 地八成木, 天九成金, 地十成土. 於是陰陽各有匹偶而物得成焉. 故謂之成數也"라 함. 이에 따라 相生은 "水生木, 木生火, 火生土, 土生金, 金生水"이며, 相克은 "水克火, 火克金, 金克木, 木克土, 土克水"가 됨. 한편

이들은 五常, 五事, 五方, 五味, 五季, 五色 五帝, 五臟, 五音 등과 서로 연결 지어 풀이하기도 함. 그 예는 다음과 같음. 木(仁, 貌, 東, 春, 靑, 牙, 肝, 角) 金(義, 言, 西, 秋, 白, 齒, 肺, 商) 水(信, 聽, 北, 冬, 黑, 喉, 腎, 宮) 火(禮, 視, 南, 夏, 赤, 舌, 心, 徵) 土(智, 思, 中, 季夏, 黃, 脣, 脾, 羽)

【本乎數】《周易》에서 "天數十, 地數十"으로 나누어 서로 대응시킨 것을 말함.

王相〈訓詁〉

　　天地之間, 陰陽二氣, 化生五行. 天一生水, 地二生火, 天三生木, 地四生金, 天五生土, 此五行之生序也. 水曰潤下, 火曰炎上, 木曰曲直, 金曰從革, 土愛稼穡, 此五行之性之德也. 水生木, 木生火, 火生土, 土生金, 金又生水. 水剋火, 火剋金, 金剋木, 木剋土, 土又剋水. 萬事萬物, 無不有五行貫乎其間. 而天下之理, 皆由此出; 天下之數, 皆由此推, 不可不知也.

▶ 017-증보(1)
십간十干과 십이지十二支

"십간十干이란 갑甲에서 시작하여
열 번째 계癸에서 끝나는 것이며,
십이지十二支는 자子에서 시작하여
열두 번째 해亥에서 끝난다."

十干者, 甲至癸. 십간자, 갑지계.
十二支, 子至亥. 십이지, 자지해.

【十干】하늘의 기본을 열 가지로 나누어 상징한 것. "甲乙丙丁戊己庚辛壬癸"의 열 개. 이는 십이지와 최소공배수로 합하여 甲子, 乙丑, 丙寅, 丁卯, 戊辰, 己巳, 庚午, 辛未, 壬申, 癸酉, 甲戌, 乙亥 등 60가지의 간지를 이루며 이를 날짜와 연도의 계산에 사용하였음. 우리나라의 몽학서인 《啓蒙編》에 "天有

十干, 所謂十干者, 甲乙丙丁戊己庚辛壬癸也; 地有十二支, 所謂十二支者, 子丑寅卯辰巳午未申酉戌亥也. 天之十干與地之十二支, 相合而爲六十甲子, 所謂六十甲子者, 甲子・乙丑・丙寅・丁卯, 至壬戌・癸亥是也"라 함. 이처럼 십간과 십이지의 최소공배수인 60가지 결합이 생기며 이를 '육십갑자'라 함. 한편 〈60갑자〉를 순서대로 표로 보이면 다음과 같음.

1-10	甲子	乙丑	丙寅	丁卯	戊辰	己巳	庚午	辛未	壬申	癸酉
11-20	甲戌	乙亥	丙子	丁丑	戊寅	己卯	庚辰	辛巳	壬午	癸未
21-30	甲申	乙酉	丙戌	丁亥	戊子	己丑	庚寅	辛卯	壬辰	癸巳
31-40	甲午	乙未	丙申	丁酉	戊戌	己亥	庚子	辛丑	壬寅	癸卯
41-50	甲辰	乙巳	丙午	丁未	戊申	己酉	庚戌	辛亥	壬子	癸丑
51-60	甲寅	乙卯	丙辰	丁巳	戊午	己未	庚申	辛酉	壬戌	癸亥

【十二支】땅의 기본을 열두 가지로 나누어 상징한 것. "子丑寅卯辰巳午未申酉戌亥"이 십이지는 띠, 시간, 방위, 날짜, 절기 등을 나타내기도 하며 띠는 子(쥐), 丑(소), 寅(범, 호랑이), 卯(토끼), 辰(용), 巳(뱀), 午(말), 未(양), 申(잔나비, 원숭이), 酉(닭), 戌(개), 亥(돼지)를 상징하며, '子'는 밤 11시부터 새벽 1시까지 이며 그 중 12시를 '子正'으로, '午'는 낮 11시부터 오후 1시까지로 하고 낮 12시를 '正午'로 하여 2시간씩으로 계산함. 한편 동양에서는 달을 기준으로 하는 음력을 날짜로 사용하면서 아울러 태양의 움직임을 기준으로 15일씩을 1년을 24로 나누어 24節氣를 사용하였음. 대개 양력 2월 4일(혹 5)을 기점 으로 立春으로부터 大寒까지 순환함. 이를 표로 보이면 다음과 같음.(날짜는 양력 2월의 윤달 여부에 따라 하루 이틀 차이가 날 수 있음.)

春	立春	雨水	驚蟄	春分	淸明	穀雨
	2. 4	2. 19	3. 5	3. 20	4. 4	4. 20
夏	立夏	小滿	芒種	夏至	小暑	大暑
	5. 5	5. 21	6. 5	6. 21	7. 7	7. 22
秋	立秋	處暑	白露	秋分	寒露	霜降
	8. 7	8. 23	9. 7	9. 23	10. 8	10. 23
冬	立冬	小雪	大雪	冬至	小寒	大寒
	11. 7	11. 22	12. 7	12. 21	1. 6	1. 21

한편 12지가 상징하는 각종 상황을 표로 보이면 다음과 같다.

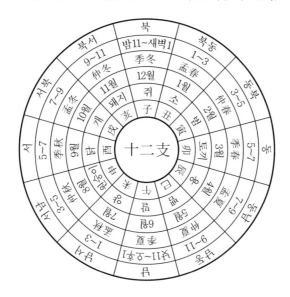

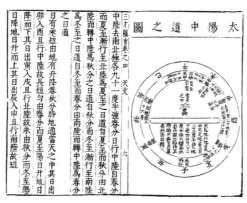

〈太陽中道之圖〉《三才圖會》

황도黃道와 적도赤道

"황도黃道니 궤도니 적도니 하는 것은
저울처럼 평형을 이루고 있는 천체의 현상이다."

日黃道, 日所躔. 왈황도, 왈소전.

日赤道, 當中權. 왈적도, 당중권.

【黃道】 ecliptic. 태양의 視軌道. 지구
에서 볼 때 태양이 지구를 도는 것처럼
보이는 天球상의 大圓. 赤道에 대하여
23.5도 기울어져 있음.
【所躔】 궤도에 따라 운행하며 돌아감.
【赤道】 春分과 秋分에 해가 지나가는
지구의 緯度 0도에 해당하는 길.
【權】 저울대. 평형을 이루어 어긋남이
없음을 뜻함.

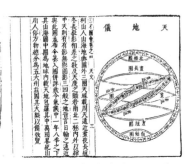

〈天地儀〉(황도와 적도)《三才圖會》

중국의 위치

"적도 밑에는 온대와 난대, 북극과 남극이 있으며,
중국은 지구 전체의 동북쪽에 위치하고 있다."

赤道下, 溫暖極. 적도하, 온난극.

我中華, 在東北. 아중화, 재동북.

【溫暖極】 온대(여기서는 열대를 가리킴)
와 난대(여기서는 온대지역을 가리킴),
그리고 북극과 남극이 있음.

〈山海輿地全圖〉《三才圖會》

　　사독四瀆

"장강長江과 황하黃河, 회수淮水와 제수濟水를
　사독四瀆이라 하며 물길의 중요한 표준이다."

曰江河, 曰淮濟. 왈강하, 왈회제.
此四瀆, 水之紀. 차사독, 수지기.

【四瀆】《尙書》舜典의 "望於山川"의 注에 "九州名山大川五嶽四瀆之屬, 皆一
　時望祭之"라 하였고, 《說苑》辨物篇에 "四瀆者, 何謂也? 江河淮濟也. 四瀆
　何以視諸侯? 能蕩滌垢濁焉, 能通百川於海焉, 能出雲雨千里焉, 爲施甚大,
　故視諸侯也"라 함.

오악五岳

"태산泰山과 화산華山, 숭산嵩山과 항산恆山, 형산衡山,
이 다섯 산을 오악五岳이라 하며 산의 이름이다."

日岱華, 嵩恆衡. 왈대화, 숭항형.

此五岳, 山之名. 차오악, 산지명.

【岱】 泰山의 다른 이름.

【五岳】 '五嶽'으로도 표기하며, 고대 제왕이 숭배
하여 제사를 지내던 산으로 漢宣帝 때에는 泰山을
東嶽, 華山(陝西省)을 西嶽, 天柱山(霍山, 安徽省)을
南嶽, 恒山(河北省)을 北嶽, 嵩山(河南省)을 中嶽
으로 삼았었음. 그러나 隋代에는 衡山(湖南省)을
南嶽으로 고쳤으며, 明代에는 恒山(山西省)을 北嶽
으로 하였음. 《幼學瓊林》에 "東嶽泰山, 西嶽華山,
南嶽衡山, 北嶽恒山, 中嶽嵩山, 此爲天下之五嶽"
이라 함. 한편 설원 변물편에는 "五嶽者, 何謂也?
泰山, 東嶽也; 霍山, 南嶽也; 華山, 西嶽也; 常山,
北嶽也; 嵩高山, 中嶽也. 五嶽何以視三公? 能大
布雲雨焉, 能大斂雲雨焉; 雲觸石而出, 膚寸而合,
不崇朝而雨天下, 施德博大, 故視三公也"라 함.

〈泰山圖〉《三才圖會》

〈華山圖〉《三才圖會》

사농공상土農工商

"선비와 농부, 물건을 만드는 공인, 물자를 유통시키는 상인을
사민四民이라 하며, 나라의 중요한 일꾼들이다."

日士農, 日工商. 왈사농, 왈공상.

此四民, 國之良. 차사민, 국지량.

【四民】 土農工商의 산업에 종사하는 백성.《說苑》政理篇에 "春秋曰: 「四民
均則王道興而百姓寧; 所謂四民者, 土農工商也.」"라 함.

〈耕織圖〉(清) 焦秉貞(畫)

018
오상五常

"인과 의, 예와 지, 그리고 신을
오상五常이라 하며
얽힘이 조금도 용납되지 않는,
사람으로서 지켜야 할 법칙이다."

曰仁義, 禮智信. 왈인의, 례지신.
此五常, 不容紊. 차오상, 불용문.

【五常】仁義禮智信. 사람으로서 살아가면서 변함없이 지켜야 할 常則. 오행
과 배합하여 그 의미를 상징화하기도 함. 017을 참조할 것.

【王相〈訓詁〉】

　五常之理, 根於性生. 一曰仁, 仁者, 人也, 心之德也. 寬裕溫柔, 慈良惻隱,
是之謂仁; 二曰義, 義者, 宜也, 心之契也. 發强剛毅, 奮悚果敢, 是之謂義; 三曰
禮, 禮者, 儀也, 心之理也. 齊莊中正, 遜順謙恭, 是之爲禮; 四者智, 智者, 知也,
心之機也. 聰明睿知, 文理密察, 是之謂智; 五者信, 信者, 厚也, 心之主也. 誠實
正直, 忠厚和平, 是之謂信. 仁, 義, 禮, 智, 信, 謂之五常, 不容紊亂也.

▶ 018-증보(1)
식물과 동물

"땅에 나는 것으로 풀과 나무가 있으니,
이를 식물植物이라 하며 물과 뭍에 두루 펴져 있다.
벌레와 물고기, 새와 짐승은 이를 일러 동물動物이라 하며
능히 날기도 하고 내닫기도 한다."

地所生, 有草木.　지소생, 유초목.

此植物, 遍水陸.　차식물, 편수륙.

有蟲魚, 有鳥獸.　유충어, 유조수,

此動物, 能飛走.　차동물, 능비주.

【遍】두루 편재함. 어디에나 널리 있음. '변'으로도 읽음.
【鳥獸】禽獸와 같은. 날짐승과 길짐승

019
육곡六穀

"벼와 기장, 콩과 보리, 조, 피는
이를 일러 육곡六穀이라 하며
사람이 먹고사는 양식이 된다."

稻粱菽, 麥黍稷. 도량숙, 맥서직.

此六穀, 人所食. 차륙곡, 인소식.

【粱】기장. 혹 高粱. 수수의 일종.
【黍】역시 기장의 일종. 혹은 좁쌀을 뜻한다고도 함.
【稷】피. 그러나 역시 기장의 일종.

王相〈訓詁〉

此言穀可食者有六也. 一曰稻, 有秈稻, 粳稻, 晩稻, 糯稻. 二曰粱, 北方高
粱米, 有黃粱, 白粱, 靑粱. 三曰菽, 卽諸豆之總名, 有大小, 黃黑, 靑白, 豇扁,
豌豆蠶之類. 四曰麥, 夏穀也, 有大麥, 小麥, 穬麥, 蕎麥. 五曰黍, 北方之穀, 又名
小米, 有粘有粳. 六曰稷, 一名秬, 祭祀之用也, 有黃有黑. 凡此六穀, 皆天生以
養民者也.
○粳, 音梗. 豌, 音灣, 穬, 音礦.

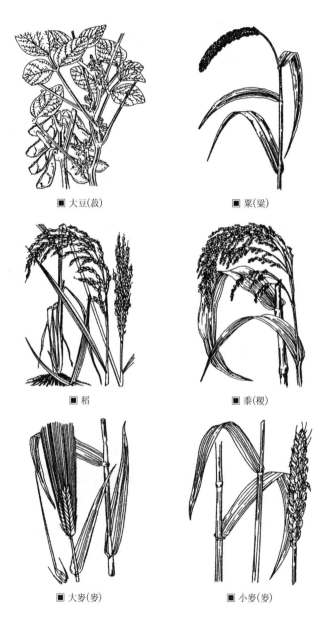

■ 大豆(菽)　　　　　　■ 粟(粱)

■ 稻　　　　　　　　　■ 黍(稷)

■ 大麥(麥)　　　　　　■ 小麥(麥)

〈六穀〉黃沛榮《新譯三字經》插畫

020

육축六畜

"말과 소, 양과 닭, 개와 돼지,
이 여섯 가지를 육축六畜이라 하며
사람이 먹이를 주어 기르는 가축이다."

馬牛羊, 雞犬豕. 마우양, 계견시.
此六畜, 人所飼. 차륙축, 인소사.

【飼】 먹이를 주어 기름. 사육함.
【雞】 '鷄'자와 같음.

〈青瓷羊圈과 猪圈〉

王相〈訓詁〉

此言人之所畜養者有六也. 馬能負重致遠, 牛能耕田, 犬能守夜防患, 則畜之
以備用者也; 雞羊與豕, 則畜之孳生, 以備食者也. 六者在人飼養, 使得其宜,
則生息蕃滋而爲利溥矣.

021
칠정七情

"기쁨과 노함, 슬픔과 두려움, 사랑과 미움,
그리고 욕심은 칠정七情으로
사람이면 누구나 가지고 있다."

曰喜怒, 曰哀懼, 왈희노, 왈애구.
愛惡欲, 七情具. 애오욕, 칠정구.

【七情】 사람이 가지고 있는 일곱 가지 감정. 《禮記》 禮運篇에 "何謂人情?
喜怒哀懼愛惡欲, 七者, 弗學而能. 何謂人義? 父慈·子孝, 兄良, 弟弟, 夫義,
婦聽, 長惠, 幼順, 君仁, 臣忠, 十者, 謂之人義. 講信修睦, 謂之人利. 爭奪相殺,
謂之人患. 故聖人之所以治人七情, 修十義, 講信修睦, 尙辭讓, 去爭奪, 舍禮何
以治之? 飮食男女, 人之大欲存焉. 死亡貧苦, 人之大惡存焉. 故欲惡者, 心之
大端也. 人藏其心, 不可測度也, 美惡皆在其心不見其色也, 欲一以窮之, 舍禮
何以哉?"라 함.

> **王相 〈訓詁〉**

　此言七情之動也. 人之有生, 便有知識, 纔有知識, 則七情生焉. 一曰喜, 歡
樂也; 二曰怒, 嗔恚也; 三曰哀, 傷感也; 四曰懼, 恐畏也; 五曰愛, 眷戀也;

六曰惡, 憎嫌也; 七曰欲, 貪慕也. 凡此七情, 智愚賢不肖皆有之, 惟聖賢能出之以正耳. 出之以正則爲君子, 出之以邪則爲小人. 人當崇正而黜邪, 循理而窒欲. 可不愼乎?

　○恚, 音惠.

孔子墓(산동 곡부)

➤ 021-증보(1)
오색五色

"푸른색, 붉은색, 누런색 및 검은색과 흰색,
이는 오색五色으로 눈으로 식별해내는 것이다."

青赤黃, 及黑白.　청적황, 급흑백.
此五色, 目所識.　차오색, 목소식.

오미五味

"신맛, 쓴맛, 단맛, 그리고 매운맛과 짠맛,
이는 오미五味로써
입으로 머금어 느끼는 것이다."

酸苦甘, 及辛鹹. 산고감, 급신함.

此五味, 口所含. 차오미, 구소함.

【鹹】짠맛.

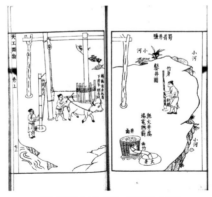

〈井鹽圖〉(宋)《天工開物》삽화

▶ 021-증보(3)

오취五臭

"누린내, 타는 내, 향내와 비린내,
그리고 썩는 냄새는 오취五臭로써
코로 냄새를 맡아 변별하는 것이다."

羶焦香, 及腥朽. 전초향, 급성후.
此五臭, 鼻所嗅. 차오취, 비소후.

【羶】 육(肉)고기의 누린내.
【腥】 비린내.
【嗅】 냄새, 후각.

〈宰猪圖〉 甘肅 嘉峪關 戈壁灘 魏晉墓 磚畫

022
팔음八音

"바가지, 흙으로 빚은 악기, 가죽으로 만든 악기,
나무로 만든 것, 돌로 만든 것, 쇠붙이로 만든 것과
그리고 실로 켜는 것, 대나무로 만들어 부는 악기는
여덟 가지 각기 다른 음색을 가지고 있다."

匏土革, 木石金, 포토혁, 목석금,

與絲竹, 乃八音. 여사죽, 내팔음.

【匏土革】바가지, 흙, 가죽을 재료로 만든 악기. 笙·竽·壎·缶·鼓·鞀 따위.
【木石金】나무, 돌, 쇠붙이(銅)을 재료로 만든 악기. 柷·敔·石磬·鐘·鎛 따위.
【絲竹】현악기(琴, 瑟)와 관악기(簫, 笛).

> **王相 〈訓詁〉**

此言八音之器也. 樂所以配禮, 凡奏樂者, 八音備而後樂始全. 八音維何? 一曰
匏, 瓠瓜也, 用爲笙竽; 二曰土, 瓦器也, 用爲塤; 三曰革, 牛皮也, 用爲鼓; 四曰
木, 木器也, 用爲柷敔; 五曰石, 玉石之器, 用爲磬; 六曰金, 鑄器也, 用爲鐘鏞;
七曰絲, 絃索也, 用爲琴瑟; 八曰竹, 用爲簫管. 凡此八音, 制自黃帝. 五帝三王

各有樂, 用以享上帝, 祀鬼神, 薦祖考, 宴嘉賓, 酬酢獻灌, 非樂不宣; 登降揖讓,
非樂不和. 迭奏宣通, 調和敷暢, 所以導誠敬, 暢性情, 昭感格, 助威儀. 所謂禮
樂備而治功成, 樂之爲用, 其大也如此, 古人禮樂不可斯須去身, 此之謂也.
　○柷, 音竹. 敔, 音于. 壎, 音熏.

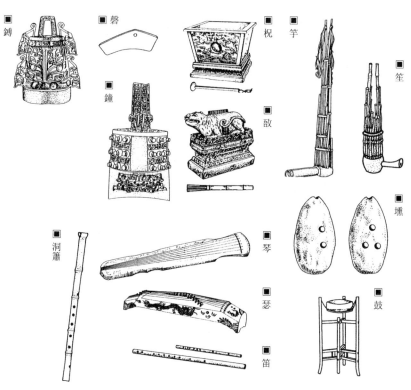

〈중국 각종 전통 악기〉黃沛榮《新譯三字經》삽화

사성四聲

"평성, 상성, 거성, 입성을 사성四聲이라 하며
발음에 서로 조화를 이루어야 한다."

曰平上, 曰去入. 왈평상, 왈거입.

此四聲, 宜調協. 차사성, 의조협.

【四聲】 중국 고대 음절의 음에 대하여 네 가지 성조로 나누었음. 입성은 받침
이 −k, −t(l), −p로 끝나며 촉급하게 닫는 발음. 지금 중국어 북경음에는
이 음가가 없어졌음. 이에 관한 책을 韻書라 하며 《廣韻》,《切韻》,《洪武
正韻》 등과 우리나라 《東國正韻》 등이 있음.

023
구족九族

"고조부와 증조부, 아버지와 자신,
그리고 자신의 아들, 아들의 손자로 이어지며
아들과 손자로부터 현손, 증손에 이르기까지를
구족九族이라 하며, 사람의 핏줄이 이어지는 윤상倫常이다."

高曾祖, 父而身, 고증조, 부이신.

身而子, 子而孫. 신이자, 자이손.

自子孫, 至玄曾, 자자손, 지현증,

乃九族, 人之倫. 내구족, 인지륜.

【九族】 이에 대한 설은 여러 가지가 있음. 주로 《尚書》 堯典이 孔安國 傳에
근거하여 구족을 들고 있으나 그밖에 父族 4, 母族 3, 妻族 2를 九族으로
보기도 함.(《尚書正義》) 한편 父를 考라 한 것은 돌아가신 아버지를 뜻함.
《爾雅》 釋親에 "父曰考, 母曰妣"라 함. 한편 《幼學瓊林》에는 "何謂五倫?
君臣, 父子, 夫婦, 兄弟, 朋友. 何謂九族? 高, 曾, 祖, 考, 己身, 子, 孫, 曾, 玄"
이라 함.

此言九族之倫也. 九族云何? 一曰高祖, 高者, 最上之名, 祖之祖也. 凡高祖所生以後, 均爲同族, 所謂五服以內之親也. 二曰曾祖, 曾者, 層疊而上也, 謂父之祖也. 三曰祖, 一曰大父, 一曰王父, 謂父之父也. 四曰父, 一曰家君, 一曰嚴君, 尊稱之也. 父沒則稱考, 母沒則稱妣. 高曾祖父皆考也, 高曾祖母皆妣也. 五曰身, 己身也. 身之嫡配爲妻, 庶婦爲妾. 六曰子, 妻妾之所生. 妻生爲嫡子, 妾生爲庶子. 七曰孫, 子之子也. 孫者, 系也. 統系相傳, 有緒而不絶也.

己身之下有子孫, 子孫之所出, 則有元曾. 八曰曾孫, 孫之子. 九曰元孫, 孫之孫也. 自高祖至元孫, 九世矣. 九世之所出, 謂之九族. 族者, 衆也. 其間生育繁庶, 各有親疏遠近之分. 倫, 序也. 尊卑之序, 定而不紊. 凡此親族, 兄弟, 諸父, 子姪, 諸孫, 皆出天倫, 一本之源, 所當敦篤敬愛而不衰者也.

〈淸人嫁娶圖〉(부분)

024

십의十義

"아버지와 자식 사이의 은혜, 부부 사이의 순종,
형은 우애롭고 아우는 공손하며
어른과 어린이 사이에는 차례가 있으며
친구 사이에는 우정이 있고,
임금은 신하를 공경하며
신하는 임금에게 충성을 다해야 하는 것,
이 열 가지 의義는 사람이면
누구나 똑같이 지켜야 할 덕목이다."

父子恩, 夫婦從; 부자은, 부부종;
兄則友, 弟則恭. 형즉우, 제즉공.
長幼序, 友與朋; 장유서, 우여붕;
君則敬, 臣則忠. 군즉경, 신즉충.
此十義, 人所同. 차십의, 인소동.

【十義】《禮記》禮運篇에 "何謂人情? 喜怒哀懼愛惡欲, 七者, 弗學而能. 何謂
人義? 父慈‧子孝, 兄良, 弟弟, 夫義, 婦聽, 長惠, 幼順, 君仁, 臣忠, 十者, 謂之
人義. 講信修睦, 謂之人利. 爭奪相殺, 謂之人患. 故聖人之所以治人七情, 修
十義, 講信修睦, 尙辭讓, 去爭奪, 舍禮何以治之? 飮食男女, 人之大欲存焉.
死亡貧苦, 人之大惡存焉. 故欲惡者, 心之大端也. 人藏其心, 不可測度也, 美惡
皆在其心不見其色也, 欲一以窮之, 舍禮何以哉?"라 함.

王相〈訓詁〉

自人倫言之, 九族之次, 又有十義. 一曰父子, 生我者父, 我生者子. 父子之道,
慈孝之理, 皆有天性之恩. 一曰夫婦, 男則有室, 女則有家, 夫妻好合, 和翕順從,
是謂刑于之化. 一曰兄弟, 先生爲兄, 後生爲弟, 同根一本, 兄則友愛其弟, 弟則
恭敬其兄, 是謂手足之誼. 人能如是, 則成天倫之美德, 家庭之至樂也.

一曰朋友, 同德爲朋, 同類爲友. 感契以情, 周旋以禮, 序分長幼, 誼同手足,
義共死生, 情均苦樂. 朋友之道, 如是而已. 非此則不過一時聚散之浮交, 非所
謂友也. 一曰君臣, 君者, 臣之主; 臣者, 君之輔. 爲君之道, 聰明睿知, 以臨其民;
莊嚴恭肅, 以居其位; 恩威寬惠, 以御其臣. 爲臣者, 光明正大, 以持其心; 公廉
敏信, 以盡其職; 忠良醇謹, 以事其上. 如此則邦國和平, 治化大行. 非此則君
驕臣諂, 日趨於亂也.

父子, 夫婦, 兄弟, 朋友, 君臣, 是爲五倫. 父慈, 子孝, 夫和, 婦順, 兄愛, 弟敬,
朋誼, 友信, 君敬, 臣忠, 所謂十義也. 人同者, 人具此理, 皆人道之所當爲也.

오복五服

"상복喪服에는 의당 순서가 있으니 위배함이 없도록 하라.
참최斬衰와 자최齊衰, 그리고 대공大功과 소공小功에서
시마緦麻에 이르기까지 잘 지키면 오복五服을 다하는 것이다."

當順敘, 勿違背.　당순서, 물위배.

斬齊衰, 大小功,　참자최, 대소공,

至緦麻, 五服終.　지시마, 오복종.

【斬齊衰】 참최(斬衰)와 자최(齊衰). 최(衰)는 '縗'와 같음. '참최'는 오복 중 가장
중한 것. 거친 베로 만들며 옷 가장자리를 꿰매지 않음. 자녀가 부모의
상에 입으며 며느리가 시아버지, 남편의 상에, 장손이 조부모의 상에 입는
상복. '자최'는 상복 5종 중 두 번째. 참최(斬衰) 다음. 거친 마포로 상복을
입으며 가장자리를 꿰맴. 고조부모의 상에는 3개월을 입으며 증조부모의
경우 5개월, 조부모의 경우 1년을 입음.
【大小功】 大功과 小功. '大功'은 오복 중 3번째. 9개월을 입음. '小功'은 오복의
하나로 비교적 가는 마포로 만들며 5개월을 입음.
【緦麻】 상복. 고대 5종의 상복제도가 있었으며 그중 가장 낮은 상복. 3개월을
입음.

【五服】고대 상복 제도. 흔히 친소관계에 따라 斬衰, 齊衰, 大功, 小功, 緦麻 등 5종류가 있었으며, 이를 '五服'이라 함. 여동생의 경우 大功服을 9개월 입음.

육예六藝

"예절지키기, 음악, 활쏘기, 말타기, 글씨쓰기, 숫자셈하기는
고대 육예六藝라 하여 누구나 배웠으나
지금은 그와 똑같지는 않다."

禮樂射, 御書數,　례악사, 어서수,

古六藝, 今不具.　고륙예, 금불구.

〈射獵圖〉 甘肅 嘉峪關 戈壁灘 魏晉墓 磚畫

글씨 종류

"오직 글씨쓰기는 누구나 준수해야 하는 것이며,
글자를 알고 문자를 말할 수 있어야 한다.
글씨체에는 고문古文과 대전大篆, 소전小篆,
예서隷書, 초서草書가 이어져 왔으니
마구 혼란을 일으켜서는 안 된다.
만약 널리 배우고자 하는 데 그 번거로움이 두렵다면,
단지 대략이라도 익혀두면 능히 그 근원을 알 수 있다."

惟書學, 人共遵,　유서학, 인공준,

旣識字, 講說文.　기식자, 강실문.

有古文, 大小篆,　유고문, 대소전,

隷草繼, 不可亂.　례초계, 불가란.

若廣學, 懼其繁,　약광학, 구기번,

但略說, 能知原.　단략설, 능지원.

【說文】東漢 許愼(30~124?)의 《說文解字》를 가리킴. 字學의 가장 중요한 교재로 9353자를 수록하여 글자 형태의 변화, 음, 구조 등을 풀이하였으며 최초로 部首 540개를 만들어 부수별로 순서를 정해 정리한 책.

〈倉頡〉《三才圖會》

【古文】漢代 隸書 이전의 문자를 말함. 大篆과 小篆. 鐘鼎文과 蝌蚪文 등.

【大小篆】大篆과 小篆. '대전'은 周나라 때 사주(史籀)가 만들었다 하여 일명 주서(籀書)라고도 함. 《說文解字》에 200여 자 보이며 石鼓文은 이 글씨체로 쓴 것임. '소전'은 진나라 통일 후 六國 문자가 달라 이를 李斯가 통일한 글씨체. 山東 각 지역의 비문은 이 글씨체로 기록되었으며 《설문해자》의 표제자로 쓰임. 지금도 印章 등에 널리 사용됨.

【隸草】예서와 초서. 예서는 진나라 때 진시황의 3대 토목공사로 많은 장정들이 몰려들자, 이를 관리하면서 소전의 불편함을 덜기 위해 노예들로 하여금 기록의 도움을 받아 쓰기 시작한 글씨. 이 때문에 '隸書', 혹 '佐書'라고도 하며, 漢나라 이후로 가장 널리 쓰인 글씨체. 지금도 서예작품이나 그 외에 표제글씨나 간판 등에 매우 널리 쓰이고 있음. 한편 '초서'는 종이와 붓의 발달로 인해 메모용 글씨체가 예술적으로 승화된 것으로 보이며, 隸草·正草·狂草 등으로 구분됨. 이상의 글씨체 외에 해서(楷書)와 행서(行書)가 있으며 해서는 지금의 正字의 기초가 되었으며, 행서는 필기구의 발달로 인해 東晉과 南朝에서 유행하였으며, 書聖 王羲之의 글씨는 이 체가 주를 이루었음.

書聖〈王羲之(逸少, 右軍)〉《三才圖會》

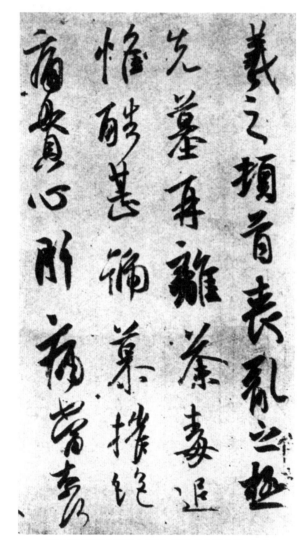

〈快雪時晴帖〉(東晉) 王羲之 臺北故宮博物院 소장

025

훈고訓詁와 구두句讀

"무릇 어리고 몽매한 자를 가르침에는
모름지기 열심을 다해 연구하도록 하며,
훈고訓詁를 상세히 살피고
구두점을 명확히 찍을 수 있도록 해야 한다."

凡訓蒙, 須講究, 범훈몽, 수강구,

詳訓詁, 明句讀. 상훈고, 명구두.

【訓蒙】 몽매한 나이의 어린이를 깨우쳐 줌을 말함. '蒙'은 '矇'과 같음.《說文解字》에 "矇, 童蒙也. 一曰不明也."라 함.
【講究】 그 속에 있는 도리나 원리를 탐구하여 밝힘.
【訓詁】 옛 문장의 어려운 부분을 말로 풀이한 것. 주석을 달아 글자의 뜻을 바르게 알도록 한 내용을 말함.
【句讀】 '구두'로 읽음. 고대의 서적은 문장 부호나 표점(標點)이 없어, 우선 이에 대한 표점을 찍어 문장의 뜻을 이해하는 일이 첫걸음이었음.

自「一而十」至此, 皆屬於數, 所謂「知某數」矣. 後此皆發明「識某文」之義, 凡此皆所謂訓蒙之道也. 蒙者, 如草之初生, 蒙昧未明也. 訓蒙之義, 以講究爲先; 講者, 講其字義之詳; 究者, 究其精微之奧.

詁, 考證也. 其詳究其義理, 又考證其所出之源. 凡經書之義, 一句爲句, 半句爲讀, 如字句太長, 則於斷續之中, 畧爲點斷, 以便童蒙誦習也.

○讀, 音豆.

〈四庫全書〉〈文淵閣본〉臺北故宮博物院 소장

026

사서四書

"배움에 뜻을 둔 자는
반드시 그 기초를 튼튼히 하여야 한다.
글자에 대한 학습을 마쳤다면
사서四書에 이르러 공부를 해야 한다."

爲學者, 必有初, 위학자, 필유초,

小學終, 至四書. 소학종, 지사서.

【小學】기본적인 문자·숫자·훈고·구두에 대한 공부. 원래는 문자를 익혀
알도록 하는 기초학문을 뜻함. 원래는 文字學을 배우는 과정을 뜻하며
《周禮》地官 保氏篇에 "國子, 八歲入小學"이라 하였고 《漢書》藝文志에는
"古者, 八歲入小學, 故周官保氏掌養國子, 敎之六書: 謂象形, 象事, 象意, 象聲,
轉注, 假借. 造字之本也"라 하였으며, 같은 《漢書》食貨志에 "八歲入小學,
學六甲五方書計之事"라 함. 한편 어린이로서의 기본 학문을 뜻하는 것으로
'小藝'로 표현하여 《大戴禮記》保傳篇에는 "古者, 年八歲而出外舍, 學小藝焉,
履小節焉; 束髮而就大學, 學大藝焉, 履大節焉"이라 함.
【四書】宋나라 때 朱子(朱熹)가 淳熙 연간에 《禮記》(小戴禮記) 속의 제331편
〈中庸〉장과 42편 〈大學〉장을 뽑아 《論語》, 《孟子》와 함께 「四書」를 편정
하였다. 아울러 주희는 章句集註를 붙여 〈四書集註〉를 만들어 孔子, 曾子,

子思, 孟子로 이어지는 유학의 學統을 확립하였다. 이 「사서」는 當代는 물론
士林의 중시를 받아 元·明·淸을 거치면서 「五經」과 같은 과목으로 취급
되어 科擧시험의 교재로 자리잡았으며, 經學의 入門必讀書로 가치를 인정
받게 되었다. 우리나라도 역시 조선시대 이 사서는 학문의 가장 중요한 교재
로 널리 읽혀 왔다. 다음 장을 참조할 것.

王相 〈訓詁〉

凡爲學之道, 須要由漸而進. 初學者, 須由淺而入深, 不可躐等, 則易入而無礙,
鮮扞隔不通之患矣.

○躐, 音獵. 扞, 音汗.

古者, 人生八歲先入小學, 敎以洒掃應對進退之節, 禮樂射御書數之文, 使知
其義而識之於心. 古朱子著爲《小學》之書, 其要以立敎, 明倫, 敬身爲內綱, 稽古,
嘉言, 善行爲外目. 立敎者, 立言以敎弟子也; 明倫者, 皆所以明人倫也; 敬身者,
恭敬此身, 無敢怠惰也. 朱子旣詳明備悉三者之條, 又益之以稽古者, 稽古人立敎
明倫敬身之法; 曰嘉言者, 集古人立敎明倫敬身之言; 曰善行者, 集古人立敎
明倫敬身之事, 以實之也. 幼學須是講得朱子《小學》明白, 然後講習《四書》, 自不
難矣. 《四書》者, 《論》, 《孟》, 《學》, 《庸》, 古有其書. 唐宋以來, 《論》, 《孟》,
與《孝經》, 《爾雅》, 《公羊》, 《穀梁》二傳, 《周禮》, 《儀禮》, 并《五經》爲十三經.
《論》, 《孟》二書, 專習者尙少. 《中庸》, 《大學》二書, 又載入《禮記》篇中. 至朱
子始採先儒雜說而折衷之, 爲《論》, 《孟》集註, 又本程子之意, 取《學》, 《庸》
分章釋句, 通名之爲《四書》. 自有《四書》之名, 學者始知專習, 而識孔曾思孟,
聖賢授受之源流矣.

027

《논어論語》

"《논어》는 20편으로 되어 있으며,
공자의 여러 제자들이
훌륭한 말씀을 기록한 것이다."

論語者, 二十篇; 론어자, 이십편;

群弟子, 記善言. 군제자, 기선언.

【論語】공자의 제자들이 공자 및 제자들의 언행을 기록한 책으로 모두 20편
으로 이루어져 있음. 원래 漢나라 때까지 《論語》는 《魯論》·《齊論》·《古論》
3종이 있었으며, 그 중 《노론》(노나라 지역, 지금의 曲阜에서 통행되던 것)과
《제론》(제나라 지역, 지금의 산동지역에서 통행되던 것)은 今文本(당시 통행문자
인 隷書로 베껴 쓴 것)이며, 《고론》은 古文本(六國시대의 문자인 篆書로 쓰인
것. 漢나라 景帝 때 공자 舊宅 벽에서 발견된 것)이었음. 한편 《노론》은 20편
이었으며, 《제론》은 《노론》에 비하여 〈問王〉·〈知道〉 등이 더 있어 모두
22편이었고, 《고론》은 〈堯曰〉편에서 〈子張問〉을 분리하여 모두 21편이었음.
지금 널리 읽히는 〈四書集註本〉은 20편 499장으로 되어 있음. 이 3종의
《논어》는 각기 글자는 물론 편장, 字句 등이 조금씩 달라 뒤에 張禹, 鄭玄
및 魏나라 때 何晏 등이 정리하여 오늘날 전하는 《논어》가 되었음.
【二十篇】《논어》의 편명은 첫 구절의 앞 두세 글자를 따서 이름을 삼은 것

으로 의미를 가지고 있지는 않음. 20편은 다음과 같음. (1) 學而 (2) 爲政 (3) 八佾 (4) 里仁 (5) 公冶長 (6) 雍也 (7) 述而 (8) 泰伯 (9) 子罕 (10) 鄕黨 (11) 先進 (12) 顔淵 (13) 子路 (14) 憲問 (15) 衛靈公 (16) 季氏 (17) 陽貨 (18) 微子 (19) 子張 (20) 堯曰

《論語》, 孔子傳道之書, 有《齊倫》, 《魯倫》. 《齊倫》不見於世, 今所行者《魯倫》也. 上下凡二十篇.

《論語》乃孔子弟子子夏, 子張, 子游及曾子, 閔子之門人, 記聖人之言行訓誨答述之語. 朱子集註爲《四書》之首.

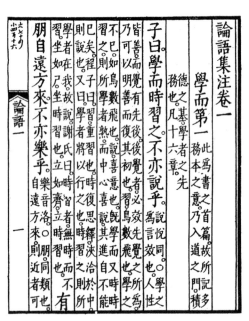

《論語》(사서집주) 朱熹(주) 四部刊要본

028
《맹자孟子》

"《맹자》는 모두 7편으로써,
도덕을 강론하고 인의를 주장한 내용으로 되어 있다."

孟子者, 七篇止; 맹자자, 칠편지;
講道德, 說仁義. 강도덕, 설인의.

【孟子】전국시대 孟子(孟軻)의 제자 萬章, 公孫丑 등이 맹가의 언행을 기록
한 책으로 원래 단순한 儒家의 사상서에 불과하였으나, 漢나라 때 趙岐가
주를 달아 宋代에 이르러 주목을 받아 13經에 열입되었음.
【七篇】지금 전하는 《맹자》는 7편이며, 〈四書集註本〉에는 이를 上下로 나누
어 14편, 260장으로 되어 있음. (1)梁惠王 (2)公孫丑 (3)滕文公 (4)離婁 (5)萬章
(6)告子 (7)盡心

王相 〈訓詁〉

　孟子當戰國之時, 游於齊梁, 其道不行, 退居鄒國, 與弟子公孫丑, 萬章之徒,
著《孟子》七篇. 道者, 天下古今所共由; 德者, 聖賢躬行所心得; 仁與義, 乃本
於天而具於性. 惻隱羞惡其見端, 而撫世長民其功用也. 如闢異端, 貴天爵, 尊王
賤霸, 距邪放淫, 道性善, 言必稱堯舜是也.

〈맹자(孟軻)〉《三才圖會》

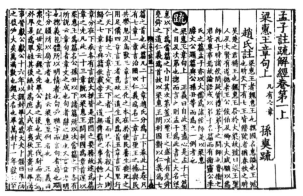

《孟子註疏解經》趙岐(주) 孫奭(소) 宋 嘉泰 연간 간행
(대북고궁박물원 소장)

029

《중용中庸》

"《중용》은 공자의 손자 공급孔伋이 지었으며,
'중中'은 치우침이 없다는 뜻이며
'용庸'은 변할 수 없는 도리라는 뜻이다."

作中庸, 乃孔伋; 작중용, 내공급;

中不偏, 庸不易. 중불편, 용불역.

【中庸】 공자의 손자 子思(孔伋)가 지은
것으로 널리 알려져 있다. 《史記》 孔子
世家와 鄭玄의 〈目錄〉, 孔穎達의 《禮記
正義》에 모두 이를 인정하였고, 주자의
《中庸章句》序에는 "道統之傳, ……子思
懼夫愈久而愈失其眞也. 於是推本堯舜
以來相傳之意, 質以平日所聞父師之言,
互相演繹, 作爲此書, 以詔後之學者"라

〈子思(孔伋)〉《三才圖會》

하였다. 원래 《禮記》(小戴禮記) 31편에 들어 있었던 것이며 정현은 "名曰中
庸者, 以其記中和之爲用也. ……庸, 常也. 用中爲常道也"라 하였으며 주자는
"中庸者, 不偏不倚, 無過不及, 而平常之理"라 하였다. 《論語》雍也篇에는
"子曰:「中庸之爲德也, 其至矣乎! 民鮮久矣.」"라 하였다.

【孔伋】子思. 孔子의 손자이며 孔鯉의 아들. 曾子에게 학문을 배웠으며 뒤에 '述聖'으로 존칭됨.

【中不偏】가운데에 딱 맞아 치우침이 없음. 朱子가 말한 '不偏不倚, 無過不及'과 같음.

【庸不易】항상 떳떳하여 바뀌지 않음. 변할 수 없는 법칙이라는 뜻.

[王相〈訓詁〉]

子思, 孔子之孫, 伯魚子, 名伋, 學者尊之爲「述聖」, 作《中庸》三十三章. 程子曰:「不偏之謂中, 不易之謂庸.」所言皆人生不可須臾離之道, 所謂「放之則彌六合, 卷之則退藏於密」者也. 舊本云「作《中庸》, 乃孔伋」斥言大賢之名, 今僭改「子思筆」三字爲當.

《中庸》(사서집주) 사부간요본

030

《대학大學》

"《대학》은 증자曾子가 지었으며,
그 내용은 수신修身, 제가齊家로부터
치국治國을 거쳐 평천하平天下에 이른다."

作大學, 乃曾子, 작대학, 내증자,
自修齊, 至平治. 자수제, 지평치.

【大學】曾子와 그 문인이 지은 것으로 널리 알려져 있으나, 공자의 손자 子思 (孔伋)가 지은 것이라 주장하기도 한다 (漢, 賈逵). 그러나 朱子는 "經一章, 蓋 孔子之言, 而曾子述之. 其傳十章, 則曾子 之意, 而門人記之也"라 하여 經文은 공자의 말로 증자가 기술한 것이며, 傳文 10장은 증자의 뜻을 그 문인들이

〈曾子(曾參)〉《三才圖會》

기록한 것이라 하였다. 역시 《禮記》(小戴禮記) 42편에 들어 있었던 것이며, 내용은 크게 「三綱領」·「八條目」·「本末終始」로 되어 있다. 즉 '明明德, 親(新)民, 止於至善'이 「삼강령」이며, '格物, 致知, 誠意, 正心, 修身, 齊家, 治國, 平天下' 의 求學의 단계 여덟 가지 조목을 순서대로 설명하고 있으며, '物有本末, 事有終始, 知所先後, 則近道矣'로 전체를 아우르고 있다.

【曾子】 공자의 제자로 효로써 널리 알려진 인물. 이름은 參, 자는 子輿, 춘추 시대 南武城(지금의 山東 費縣) 사람으로 공자보다 46세 어렸다 함. 아버지 曾點(曾晳)을 잘 모셨으며《孝經》을 전술한 사람이라고도 알려져 있다.

【自修齊, 至平治】 「팔조목」 중 修身·齊家로부터 治國·平天下에 이르기까지의 단계를 말함.

王相〈訓詁〉

曾者, 名參, 字子輿, 孔子弟子. 傳孔子一貫之道, 學者尊之爲「宗聖」. 作《大學》一書. 大學者, 大人之學也. 其綱在明明德, 新民, 止於至善; 其目在格物, 致知, 誠意, 正心, 修身, 齊家, 治國, 平天下. 乃作聖之功, 學者之先務也. 朱子分爲一經十傳, 所謂初學入德之門.

○按: 孔子之道, 曾子獨得其宗. 子思之學, 本於曾子. 孟子受業於子思之門. 此書乃先論孔孟而後及子思, 曾子反爲最後者, 何歟? 盖此書但據當時之次序而言,《論語》,《孟子》先有成書,《中庸》,《大學》則出於《禮記》之篇名.《中庸》爲《禮記》之第三十一,《大學》爲《禮記》之第四十二. 朱子取而章句之, 以列於《四書》, 作者故以爲次也.

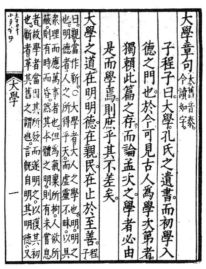

《大學》(사서집주) 사부간요본

031

《효경孝經》

"《효경》에 통달하고 사서에 익숙하였다면,
육경六經과 같은 깊은 뜻을 가진 책을 가히 읽을 수 있다."

孝經通, 四書熟. 효경통, 사서숙.

如六經, 始可讀. 여륙경, 시가독.

【孝經】 공자가 曾子와 더불어 각 신분에 따른 孝에 관해 토론한 것을 증자,
혹 증자의 문인이 전술한 것이라 알려져 있음. 13經에 열입되어 있으며, 唐
나라 때 玄宗(李隆基)이 注를 단 것이 전함. 원래 今文本과 古文本이 있었
으며, 지금 전하는 것은 금문본 계통으로 모두 18장 1903자의 짧은 분량이다.
18장은 (1)開宗明義章 (2)天子章 (3)諸侯章 (4)卿大夫章 (5)士章 (6)庶人章
(7)三才章 (8)孝治章 (9)聖治章 (10)記孝行章 (11)五刑章 (12)廣要道章 (13)廣至
德章 (14)廣揚名章 (15)諫諍章 (16)感應章 (17)事君章 (18)喪親章이다.
【六經】 일반적으로 《易》, 《詩》, 《書》, 《禮》, 《樂》, 《春秋》를 가리키며 《莊子》
天運篇에 처음 보인다. 漢代에는 '經'을 '藝'라고도 하여 '六藝'라 불렸으며,
《漢書》 藝文志의 六藝略은 이를 간략히 정리하여 실은 것이다. 그 뒤로
樂經의 有無, 공자가 六經을 刪改했다는 설 등 논란이 많다. 한대에는
《樂》을 제외한 五經에 博士制度를 두어 儒學을 부흥시켰다.

此言讀書之序也.《孝經》爲古十三經之一, 曾子敍孔子問答之言, 爲經十八章, 以明孝道. 學者《四書》旣熟之後, 宜先讀《孝經》, 以知爲子之禮, 然後循序而 讀六經.

〈孝經圖〉 조상의 제사를 받드는 모습을 그린 것. 宋 李公麟(畵)

032

육경六經

"《시》, 《서》, 《역》, 《예》, 《춘추》를
육경六經이라 하며 마땅히 강독하여 뜻을 찾아야 한다."

詩書易, 禮春秋. 시서역, 례춘추.
號六經, 當講求. 호륙경, 당강구.

【詩】《詩經》이라고도 하며 三家詩와 《毛詩》로 나눈다. 三家詩는 《齊詩》,
《韓詩》, 《魯詩》를 말하는데 이 중 韓詩의 外傳(《韓詩外傳》) 외에는 전하지
않고 있다. 그러나 《毛詩》는 바로 지금 우리가 읽고 있는 詩를 말하며
따라서 《詩經》을 「毛詩」라고도 부른다. 秦始皇 焚書 후 漢代 今古文의
대립은 앞서 얘기하였다. 漢代의 今文經學에서 詩에 있어서는 齊·魯·韓
三家가 있었는데, 《齊詩》는 齊나라의 轅固生으로부터 전해졌던 것이며,
《魯詩》는 魯나라의 申培公으로부터, 《韓詩》는 燕의 韓嬰으로부터 전해진
것이다. 申培公은 荀子의 再傳弟子로서 그와 韓嬰은 모두 漢 文帝 때 治詩
로 博士가 되었다. 轅固生은 景帝 때에 이르러 博士가 되었다. 그러나 東漢
때에 古文經의 발달로 나타난 것이 《毛詩》이다. 《毛詩》는 趙인 毛亨(大毛公)이
전한 것으로, 그는 스스로 子夏로부터 전해 받은 것이라 하면서 《毛詩故
訓傳》30卷을 지었고, 이를 다시 같은 趙人 毛萇(小毛公)에게 전해 주었다.
이 《毛詩》는 비록 漢 平帝(A.D. 1~5) 때 잠간 박사로 學官에 설립되었으나
오히려 민간에게 유전되다가, 鄭玄이 이 《故訓傳》을 근거로 箋을 짓게 되자

아울러 鄭玄의 學問 명성에 힘입어 크게 성행하게 된다. 당 太宗은 이를 孔穎達에게 命하여 《五經正義》를 지을 때 《毛傳鄭箋》을 표준으로 삼게 하였으며, 이에 따라 당송 양대에 걸쳐 또다시 그 위치를 굳히게 된다. 송대 이후에 비록 《毛詩》에 반대하는 학자가 적지 않았고 또한 청대 유학자들의 연구와 三家詩의 輯本이 있었지만 완전하지 못하자, 《모시》는 당연히 독존적인 존재로 오늘날까지 시의 기본으로 읽히게 되었다. 지금 전하는 시경은 모두 311편으로, 그 중 6편은 제목만 전하고 가사가 없으며 이를 생시(笙詩)라 한다.

【書】《尙書》, 《書經》이라고도 하며 虞書, 夏書, 商書, 周書로 불리던 것이 漢初 伏生에 의해 「尙書」라고 이름이 굳혀졌고 줄여서 「書」라고 한다. 이의 底本은 唐, 虞, 夏, 商, 周 五代의 政治 檔案(file)이었다. 또한 그 내용은 王의 政令을 기록한 것으로, 사건을 서술한 것이 아니다. 《今文尙書》, 《古文尙書》, 《僞古文尙書》가 있었으며, 지금 우리가 읽고 있는 《상서》는 《위고문상서》이다.

【易】《周易》, 《易經》이라고도 하며, 《易》은 古代의 복서서(卜筮書)이다. 古代에 이 卜筮는 政治・社會에 있어서 중요한 일면으로, 政敎와 人事를 이 방법으로 결정하였다. 그러므로 오늘날 吉凶禍福을 점치는 것과 같은 단순한 의미는 아니었다. 그 후 六經으로 定着되고는 이 易이 여러 방면으로 硏究・傳授되어 漢代에는 象數의 理論을 낳게 되고(西漢 때는 災異說, 東漢 때는 讖緯說), 魏晉 때는 玄學을, 宋代에는 性命 탐구의 교재로 쓰이는 등 다양하게 발전됐다. 또한 아울러 修道와 勉勵의 景行書로도 읽혀 왔다. 모두 64괘로 이루어져 있다.

【禮】'禮'란 본래 귀신, 제사, 靈界, 冥界를 나타내는 '示'와 옛날 술잔, 혹은 제수를 차려놓은 제사상을 나타내는 '豊(례)'가 결합된 글자로, 본래 귀신에게 제사를 행하는 儀式이었다. 그 뒤에 引申해서 人間社會의 一切 禮儀를 通稱하는 것으로 되었다. 禮는 바로 法의 前身으로, 禮와 法 모두 사회활동의 규제를 의미하나, 법이 나타난 결과를 두고 제재를 가하는 소극적인 처리방법임에 비해, 禮란 미연의 방지를 우선으로 하는 일종의 적극적인 대처 방안으로 의미를 가지고 있다. 중국에서는 周가 殷을 멸한 후에 적극적인 封建制度를 실행하였는데 이것이 바로 엄격한 사회계급의 정비였다. 이 때문에 생겨난 것이 '禮'라고 하는, 보편타당한 규범이다. 특히 이 禮는 周公에 의해 크게 성취되었다고 믿어지며, 이에 의해 「周公制禮」의 이론들이

전해지게 되는 것이다. 그 후 이것이 체계화되고 기록으로 전해 내려오면서 經의 위치에 굳어지게 되며, 소위 삼례란 《주례》·《의례》·《예기》를 총칭해서 일컫는 말이다. 최초의 五經 중에 예란 다만 《의례》를 두고 한 말이었으나, 그 후 《주례》와 《예기》가 추가되어 7경, 9경, 13경으로 늘어나면서 통상적으로 셋을 묶어 '삼례'라 칭하였다.

【春秋】《春秋》는 중국 최초의 編年史이다. 원래는 魯나라의 역사를 기(紀)로 삼아 기록으로 동시대 각국의 역사적 사실을 年度에 맞추어 쓴 것이다. 이는 東周 平王 49년(魯 隱公 元年, BC 722)부터 敬王 39년(魯 哀公 14년, BC 481)까지의 242년간 魯나라 12公의 시대이다. 역사적으로 이 시기를 春秋時代라 하는 이유도 이 때문이다. 이 책은 공자의 添削을 거쳐 이루어졌다.(이에 대해서는 뒤에 다루기로 한다) 漢나라 때에는 《春秋經》(今文 11卷)과 《春秋五經》(古文 12卷)의 단독 책이었다. 今文과 古文의 문체는 같으나 今文은 莊公에 閔公을 합해 1편을 줄였으며, 今文은 魯 哀公 14년에 끝났으나 古文은 그보다 2년이 더 많다. 뒤에 杜預가 《左氏傳》과 《春秋古經》을 합해서 集解을 붙여 《春秋左氏傳》이라 칭하게 되었으며, 《公羊傳》과 《穀梁傳》은 《春秋今文經》과 합해져서 《公羊傳》은 唐의 徐彦에 의해, 《穀梁傳》은 晉의 范寧에 의해 독립된 편목으로 자리잡아 《春秋經》單行本은 사라지고 九經, 十二經, 十三經 등의 변화에 각각 독립되어 열거되면서 '三傳'으로 불리게 된 것이다.

【講求】탐구함. 연구함.

┤王相〈訓詁〉├

此言之六經之目.《易》,《書》,《詩》,《春秋》,《周禮》,《禮記》, 是名六經, 學者所當講習而研求者也. 當時《周禮》列於六經, 今則去《周禮》爲五經矣.

○研, 音嚴, 有磋磨之意.

十三經注疏

書名 \ 注疏	卷數	注 時代	注 人名	疏 時代	疏 人名	備考
周 易 正 義	10	魏 / 晉	王 弼 (注) / 韓康伯 (注)	唐	孔穎達 등(正義)	
尙 書 正 義	20	漢	孔安國 (傳)	唐	孔穎達 등(正義)	
毛 詩 正 義	70	漢 / 漢	毛 亨 (傳) / 鄭 玄 (箋)	唐	孔穎達 등(正義)	
周 禮 注 疏	42	漢	鄭 玄 (注)	唐	賈公彦 (疏)	
儀 禮 注 疏	52	漢	鄭 玄 (注)	唐	賈公彦 (疏)	
禮 記 注 疏	63	漢	鄭 玄 (注)	唐	孔穎達 등(正義)	
春秋左傳正義	60	晉	杜 預 (集解)	唐	孔穎達 등(正義)	
春秋公羊傳注疏	28	漢	何 休 (解詁)	唐	徐 彦 (疏)	徐彦은 北魏의 徐遵明이라고도 함
春秋穀梁傳注疏	20	晉	范 寧 (集解)	唐	楊士勛 (疏)	
論 語 注 疏	20	魏	何晏 등(集解)	宋	邢 昺 (疏)	
孝 經 注 疏	9	唐	玄 宗 (御注)	宋	邢 昺 (疏)	
爾 雅 注 疏	10	晉	郭 璞 (注)	宋	邢 昺 (疏)	
孟 子 注 疏	14	漢	趙 岐 (注)	宋	孫 奭 (疏)	실제로 孫奭이 疏를 단 것이 아니고, 邵武의 士人이 위탁한 것이라 함(朱子語類 참고)

033
《역경易經》

"《연산역》,《귀장역》,《주역》이 있었으니
이 세 종류의《역易》은 그 내용이 상세하다."

有連山, 有歸藏, 유련산, 유귀장,
有周易, 三易詳. 유주역, 삼역상.

【連山】《連山易》을 말하며 夏나라 때의 易이라 한다. 賈公彦의 疏에 의하면
艮卦를 시작으로 하며, 鄭玄은 "連山者, 象山之出雲,
連連不絶也"라 하였다.

【歸藏】《歸藏易》을 말하며 殷나라 때의 易으로 坤卦
로부터 시작한다. 鄭玄은 "歸藏者, 謂萬物莫不歸藏於其
中也"라 하였다.

【周易】周나라 때의 易으로 지금 전하는 주역이다. 乾卦
로부터 시작하며 鄭玄은 "周易者, 謂易道周遍, 無所不
備也"라 하였다. 그러나《連山易》과《歸藏易》은 일찍이
없어졌고 다만 古籍 가운데 散見되고 있다. 즉, 顧炎武의
《日知錄》에 "左傳喜公十五年戰于韓, 其卦遇蠱, 曰千乘三
玄. 三玄之餘, 獲其雄狐. 成功十六年戰于鄢陵, 其卦遇復,
曰南國蹙. 射其元王, 中厥目. 此皆不用周易而別有引據
之辭"라 하여 夏·殷 때의《역》이 아닌가 의심하고 있다.

長沙 馬王堆 漢墓
출토의 帛書《易經》

《易》之書有三：一曰《連山》，伏羲之易，以艮爲首，山之象也；二曰《歸藏》，炎帝之易，以坤爲首，地之象也；三曰《周易》，文王之易，以乾爲首，天之象也。《連山》,《歸藏》二易，學者鮮通其義。今所行者，《周易》六十四卦之象，始於伏羲。卦辭, 彖辭, 文王所著。卦之爻辭, 周公所著。卦象, 爻象, 文言, 上下繫辭, 則孔子之所著。經四聖人而後成全《易》也。註《易》之儒, 多不可紀, 今惟用程子《易傳》,朱子《本義》。秦焚詩書, 惟《易》爲卜筮之書得以不毀。

〈태호 복희씨〉《三才圖會》

034
《서경書經》

"전典, 모謨가 있고 훈訓과 고誥, 서誓, 명命 등의
편명이 있으니 《서경》의 오묘한 내용이다."

有典謨, 有訓誥, 유전모, 유훈고,

有誓命, 書之奧. 유서명, 서지오.

【典謨】《尙書》의 편명에 '典'은 제왕의 사적을 기록한 것으로 〈堯典〉이 그
예이며, '謨'는 군신 사이에 상의한 말로 〈皐陶謨〉가 그 예이다.
【訓誥】'訓'은 가르치고 일깨워 준다는 뜻으로 〈伊訓〉이 그 예이며, '誥'는
경계시키는 내용을 적은 것으로 〈康誥〉가 그 예이다.
【誓命】'誓'는 백성이나 군신이 맹세하는 내용으로 〈甘誓〉가 그 예이며, '命'은
임금의 조칙이며 명령으로 〈顧命〉이 그 예이다. 참고로 지금 전하는 《위고문
상서》 25편의 편명은 ① 大禹謨 ② 五子之歌 ③ 胤征 ④ 仲虺之誥 ⑤ 湯誥
⑥ 伊訓 ⑦~⑨ 太甲(上·中·下) ⑩ 咸有一德 ⑪~⑬ 說命(上·中·下) ⑭~⑯ 泰書
(上·中·下) ⑰ 武成 ⑱ 旅獒 ⑲ 微子之命 ⑳ 蔡仲之命 ㉑ 周官 ㉒ 君陳 ㉓ 畢命
㉔ 君牙 ㉕ 冏命이다.

《書經》者, 虞, 夏, 商, 周四代之書也. 典, 謨, 訓, 誥, 誓, 命, 皆書之篇名. 典者, 常也, 典常而不可易, 爲帝王受命之書, 如〈堯典〉, 〈舜典〉是也; 謨者, 謀也, 大臣匡贊謀猷, 以襄聖治, 如〈大禹〉, 〈益稷〉之謨是也; 訓者, 誨也, 大臣訓迪其君, 以匡不逮, 如〈伊訓〉是也; 誥者, 召也, 王者渙發號令, 詔誥天下, 以布維新之政, 如〈仲虺之誥〉, 〈大誥〉, 〈康誥〉, 〈召誥〉, 〈酒誥〉是也; 誓者, 信也; 人君恭行天討, 命將誓師, 信賞必罰之辭, 如〈甘誓〉, 〈湯誓〉, 〈泰誓〉, 〈費誓〉, 〈秦誓〉是也; 命者, 令也, 人君申布命令於大臣, 如〈說命〉, 〈微子之命〉, 〈顧命〉, 〈蔡仲之命〉, 〈文侯之命〉是也. 昔孔子刪《書》, 斷自唐虞, 凡百篇. 至秦, 焚《詩》, 《書》. 漢文帝時, 濟南有伏生名勝者, 年九十, 口授鼂錯二十八篇, 以其上古之書, 故謂之《尙書》. 又河內女子獻〈泰誓〉一篇. 武帝時, 魯恭王壞孔子舊宅, 於壁中得其所藏古文虞夏商周之書, 孔安國古論, 增多伏生二十五篇, 朱子門人蔡沈, 爲之集註.

《書義主意》明, 毛氏〈汲古閣〉에서 元刻本
을 복각한 것. 대북고궁박물원 소장

035

《주례周禮》

"우리 주공周公께서 《주례周禮》를 지으시니,
여섯 부서가 드러나고 다스림의 체재가 존속되어 왔다."

我周公, 作周禮, 아주공, 작주례,
著六官, 存治體. 저육관, 존치체.

【周公】周나라 文王(姬昌)의 아들이며 武王(姬發)의 아우
로서 주나라 문물제도를 만들었으며, 成王(姬誦)을
보필한 성인이다.
【周禮】〈三禮〉의 하나로 주공이 지은 것으로 알려져
있다. 政府의 조직 중에 중추적인 관제를 기술해 놓은
것이며 실제로는 禮를 기록한 것은 아니다. 또한《儀禮》
는 朝野人士들의 각종 예절과 儀文을 기술한 것으로
이것이 곧 禮의 經에 해당한다고 볼 수 있다.

〈周公(姬旦)〉

【六官】《周禮》에서 정부 조직은 天地春夏秋冬 여섯으로 구분하고 각기 총
책임자를 두었다. 즉 天官(冢宰, 총무처), 地官(司徒, 교육을 담당함), 春官(宗伯,
예악제도를 담당함), 夏官(司馬, 국방·군사업무), 秋官(司寇, 사법부와 같음), 冬官
(司空, 경제·산업·생산을 담당)이었으며, 뒤에 吏部(吏曹), 戶部(戶曹), 禮部(禮曹),
兵部(兵曹), 刑部(刑曹), 工部(工曹)로 자리를 잡게 된다. 지금 전하는 《주례》
는 冬官은 사라져 〈考工記〉로 대체되어 있다.

【存治體】나라의 정치 체제를 갖추어 그 행정 조직이 계속하여 존속해 내려왔음을 말함.

王相〈訓詁〉

《周禮》, 周公所作. 公姓姬氏, 文王子, 武王弟也.《周禮》一書, 爲周家一代設官分職之制, 有天官冢宰, 地官司徒, 春官宗伯, 夏官司馬, 秋官司寇, 冬官司空, 故謂六官, 猶六卿也. 天子垂拱於上, 六官分職於下, 紀綱周布, 制度分列, 事無不治, 政無不理, 而天下平矣. 秦毁詩書, 不用《周禮》, 至漢求書, 始出, 而亡其冬官, 漢儒以〈考工記〉補之. 宋代用以取士, 今不用.

周禮의 職制 내용표

六官	長鄕(최고책임자)			貳(大夫)			六職의 임무		明淸의 관제	설명
	명칭	직장	직무	명칭	부속직	직무	명칭	직무		
天官	冢 宰	治典	以經邦國 以治官府 以紀萬民	小 宰	60	掌邦治	治職	以平邦國 以均萬民 以節財用	吏部	정부, 총무처에 해당
地官	大司徒	敎典	以安邦國 以敎官府 以寧萬民	大司徒	60	掌邦敎	敎職	以安邦國 以寧萬民 以懷賓客	戶部	내무부 등의 임무에 해당
春官	大宗白	禮典	以和邦國 以統百官 以諧萬民	大宗白	60	掌邦禮	禮職	以和邦國 以諧萬民 以事鬼神	禮部	교육부, 문화공보부 등에 해당
夏官	大司馬	政典	以平邦國 以正百官 以均萬民	大司馬	60	掌邦政	政職	以服邦國 以正萬民 以聚百物	兵部	국방부, 외무에 해당
秋官	大司寇	刑典	以詰邦國 以刑百官 以糾萬民	大司寇	60	掌邦刑	刑職	以詰邦國 以糾萬民 以除盜賊	刑部	사법, 치안, 형법 담당
冬官	缺	事典	以富邦國 以任百官 以生萬民	缺	60	掌邦事	事職	以富邦國 以養萬民 以生百物	工部	경제, 상공, 製造에 해당

* 冬官은 考工記로 代置되어 缺한 부분이 있음.
  뒤에 太司工, 小司工으로 통칭되기도 함.

036

《예기禮記》

"대대(戴德)과 소대(戴聖) 두 사람은
《예기禮記》에 주석을 달면서
성인의 말을 기술하였으니
예악禮樂이 이로써 갖추어진 것이다."

大小戴, 註禮記, 대소대, 주례기,

述聖言, 禮樂備. 술성언, 례악비.

【大小戴】 한나라 때 戴德과 戴聖. 두 사람 모두 《禮記》를 편집하여 대덕을
'大戴', 대성을 '小戴'라 불렀으며 대덕이 정리한 것을 《大戴禮記》(원래 85편
이나 지금 전하는 것은 39편임)라 하고, 대성이 정리한 것을 《小戴禮記》라
하였다가 《소대례기》는 지금의 《예기》(모두 49편)가 되었으며, 《대대례기》는
별도로 전하고 있음. 원래 잡다하게 전해오던 예에 관한 기록을 漢末의
鄭玄에 이르러, 그의 《六藝論》에서 "戴德記八十五篇, 則大戴禮是也. 戴聖傳記
四十九篇, 則此禮記是也"라 하여 《禮記》를 〈大戴記〉와 〈小戴記〉로 나누기
시작하였다. 그 후 唐의 陸德明이 《經典釋文》 叙錄에 晉 陳邵의 《周禮論》
序를 인용하여 "戴德刪古禮二百四篇, 爲八十五篇, 爲之大戴禮; 聖刪大戴禮
爲四十九篇, 是爲小戴禮. 後漢馬融・盧植考諸家同異, 附戴聖篇章, 去其繁重
及所叙略, 而行於世, 卽今之禮記是也"라 하여 戴德(大戴)이 古禮 204편을

85편으로 줄이고, 戴聖(小戴)이 다시 49편으로 줄여 오늘의 《禮記》를 만들었다는 說이 정착되었다.

【聖言】 옛 성인들의 말. 성인은 주로 공자를 지칭함.

王相〈訓詁〉

《禮記》一書, 不稱經者, 五經皆聖人親製, 此則後儒纂述先聖之言以成書, 故稱記而不稱經也. 大戴, 漢儒戴德, 小戴, 則德兄子戴聖也. 戴德集古禮樂諸書, 一百八十篇, 刪定爲八十五篇, 今名《大戴禮記》; 小戴更爲裁定成書, 四十九篇, 〈大學〉, 〈中庸〉亦附於篇之數. 元儒陳澔註爲《禮記集說》. 《大戴禮》今不行, 惟《小戴禮記》列於五經.

〈의례 차례〉(大戴와 小戴)

篇名	劉向 別錄本의 차례	大載(德)의 차례	小載(聖)의 차례	內容
士官禮	1	1	1	冠昏
士昏禮	2	2	2	
士相見禮	3	3	3	
鄕飮酒禮	4	10	4	射鄕
鄕射禮	5	11	5	
燕禮	6	12	6	
大射儀	7	13	7	
聘禮	8	14	15	朝聘
公食大夫禮	9	15	16	
覲禮	10	16	17	
喪服	11	17	9	喪服
士喪禮	12	4	13	喪祭
旣夕禮	13	5	14	
士虞禮	14	6	8	
特牲饋食禮	15	7	10	
小牢饋食儀	16	8	11	
有司徹	17	9	12	

037

시詩의 풍아송風雅頌

"《시경》에는 국풍國風과 아雅, 송頌이 있어,
이를 일러 사시四詩라 하며
의당 외우고 읊을 수 있어야 한다."

曰國風, 曰雅頌, 왈국풍, 왈아송,
號四詩, 當諷詠. 호사시, 당풍영.

【國風】《詩經》의 체제는 風·雅·頌으로 되어 있으며 그 중 '風'은 風謠, 民謠
의 뜻으로 15國風(周南, 召南, 邶, 鄘, 魏, 王, 鄭, 齊, 衛, 唐, 秦, 陳, 鄶, 曹, 豳)
으로 나뉘어 있음.

【雅頌】'雅'는 大雅와 小雅로 나뉘며, 대아는 제후가 천자를 조견할 때 연주
하는 음악과, 그 가사로써 거의가 西周시대 작품이며 모두 31편이다. 그리고
소아는 천자가 빈객을 모아 연회를 베풀 때의 시가이며, 혹 사인들이 정치의
득실을 반영한 것도 있다. 주로 서주 중기 이후부터 동주 초기의 작품으로
74편이 수록되어 있다. 다음으로 '頌'은 周頌·魯頌·商頌으로 나뉘며, 모두가
조상과 종묘에 제사지낼 때 연주하는 음악과 가사이다. 그 중 주송은 서주
초기, 그리고 노송과 상송은 춘추시대 작품이다.

【四詩】《시경》 작품의 네 가지 체재. 唐 許堯佐의 〈五經閣賦〉에 "虞夏商周之
五典, 國風雅頌之四詩"라 하였다. 風과 大雅, 小雅, 頌을 말한다.

【諷詠】외우고 吟詠함.

《詩經》之體有四: 一曰國風. 民俗歌謠之詩, 諸侯采之以貢於天子, 天子受之而列於樂官, 於以考其風俗之美惡, 而知其政治之得失焉; 二曰小雅. 諸侯卿大夫朝見天子及列國之君, 迎勞王臣使客之作; 三曰大雅. 天子宴享諸侯卿士, 及王朝公卿會宴陳述之作. 謂之雅者, 其體端嚴典雅, 以別於風也; 四曰頌. 天子享祀郊廟, 頌美先王先公之樂章, 〈魯頌〉, 〈商頌〉附焉. 通爲「四詩」, 學者所當諷誦而詠歎之也. 秦火之後, 漢儒毛萇考定成書, 或謂之《毛詩》, 朱子集註.

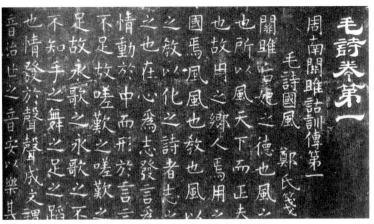

〈開成石經〉《毛詩》唐 文宗 開成 2년

038

《춘추春秋》

"많은 시들이 사라진 뒤 공자가 《춘추春秋》를 지었으니,
그 내용은 칭찬할 것은 칭찬하고 폄훼할 것은 폄훼하며,
선과 악을 구별하는 깊은 뜻이 들어 있다."

詩旣亡, 春秋作, 시기망, 춘추작,

寓褒貶, 別善惡. 우포폄, 별선악.

【詩旣亡】《시경》의 내용이 많이 사라지자, 공자의 《춘추》가 나오게 되었음을
뜻함. 《孟子》 離婁(下)에 "王者之迹熄而詩亡, 詩亡然後春秋作"이라 함.
【春秋作】《孟子》 滕文公(下)에 "世衰道微, 邪說暴行有作, 臣弑其君者有之, 子弑
其父者有之. 孔子懼, 作春秋. 春秋, 天子之事也. 是故孔子曰: 『知我者其惟
春秋乎! 罪我者其惟春秋乎!』"라 함.
【寓褒貶】《춘추》의 본의는 正名分, 寓褒貶, 明是非 세 가지를 들고 있다.
그러나 어떤 이는 褒貶을 大義로 삼고, 正名分과 明是非를 그의 下位槪念
으로 낮추어 정하기도 한다. 또는 正名分을 明是非와 같이 보아 正名分,
寓褒貶의 두 가지로 보기도 한다. 司馬遷은 《史記》 太史公自序에서 이에
대하여 "夫春秋, 上明三王之道; 下辨人事之紀. 別嫌疑, 明是非, 定猶豫, 善善
惡惡, 賢賢賤不肖, 存亡國, 繼絶世, 補敝起廢, 王道之大者也. 撥亂世反之正,
莫近於春秋"라 하였다.

孟子曰:「王者之迹熄而《詩》亡,《詩》亡, 然後《春秋》作」 王者之迹, 文武之道也, 如文之謨, 武之烈, 成康之盛世, 周召之宏勳, 以及豳風肇業, 宣王中興, 皆見於「四詩」之篇, 是王者之迹, 因《詩》以存也. 自東遷以來, 樂師不陳詩而「風」亡, 諸侯不覲天子而「小雅」亡, 天子不享諸侯而「大雅」亡, 諸侯不助祭而「頌」亡,《詩》既亡, 而王者之迹熄矣. 故孔子生於東周之末, 傷王政之不行, 諸侯專恣, 於是自衛反魯, 作《春秋》以正王化.《春秋》者, 魯史之舊名也. 四時皆備, 舉春秋以爲名者, 取春生秋殺之義, 寓王者之大權也. 周衰於東遷,《春秋》其魯隱公元年, 當平王之末, 東周之始王也, 曆隱, 桓, 莊, 閔, 僖, 文, 宣, 成, 襄, 昭, 定, 哀, 至獲麟而絕筆. 傷非時而麟見, 悲王道之不復也. 凡紀二百四十二年之事. 一字之褒, 榮於華袞; 一字之貶, 肅於斧鉞. 孟子曰:「孔子成《春秋》而亂臣賊子懼.」 謂其賞罰章而善惡明, 亂臣賊子, 無所逃罪於天地之間也.

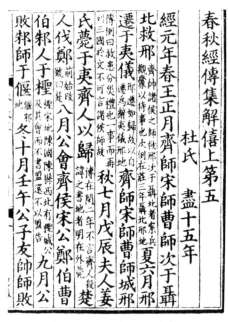

《春秋經傳集解》杜預 집해본

039

춘추삼전春秋三傳

"《춘추》에서 삼전三傳이 있으니,
《공양전公羊傳》과 《좌씨전左氏傳》,
그리고 《곡량전穀梁傳》이다."

三傳者: 有公羊, 삼전자: 유공양,

有左氏, 有穀梁. 유좌씨, 유곡량.

【三傳】 공자가 쓴 것은 《春秋經》이며, 이에 대하여 각기 전을 붙여 대의를 해석한 것으로 《春秋左傳》, 《春秋公羊傳》, 《春秋穀梁傳》 세 가지가 있어 이를 흔히 '춘추삼전'이라 부르며, 송대 이후 모두 13경에 열입시켰다. 《좌전》 은 左丘明이 지은 것이라 하나 이론이 분분하며, 《공양전》은 漢나라 때 魯나라 사람 公羊高가 편찬하다가 마치지 못하자, 景帝 때 그의 玄孫 公羊壽와 齊나라 사람 胡母子都가 자신들의 의견을 더하여 완성한 것으로 알려져 있다. 그리고 《곡량전》은 노나라 사람 穀梁赤(俶)이 전한 것으로써 西漢 때 이르러 책으로 완성된 것이다. 한편 이 '삼전'의 특징에 대하여 元 吳澄은 "載事則左氏詳於公穀, 釋經則公穀精於左氏"라 하여, 《左傳》은 사건의 기술에 뛰어났고 《公羊傳》과 《穀梁傳》은 經文의 義解에 뛰어났음을 지적하였다. 《左傳》의 기록은 역사 사건을 위주로 하였으며, 公·穀 둘은 訓詁의 傳으로 經義를 해석하는 데 주력하였다.

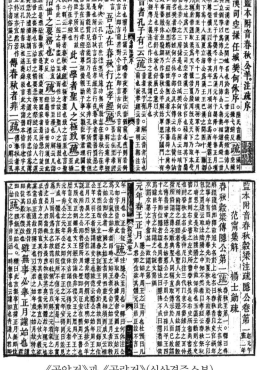

王相〈訓詁〉

傳者, 所以釋《春秋》之義也. 傳《春秋》者不一, 而三傳最著. 一曰《左氏傳》. 左丘明, 魯之賢人也, 其傳《春秋》, 用編年紀事之體, 而詳著於每年之後, 凡天子諸侯之事, 兵革禮幣之交, 興衰存滅之故, 賢奸淑慝之分, 非左氏則不詳也; 二曰《公羊傳》. 公羊高, 魯人也. 三曰《穀梁傳》. 穀梁赤, 子夏弟子也. 三傳各有短長同異, 概論斷《春秋》之大義, 表章善惡之微辭也.《左傳》有晉杜預註,《公羊》有漢何休註,《穀梁》有晉范寧註.《春秋》言簡意深, 非傳不明,. 故幷存之, 列於《十三經》之數. 今者, 考時紀事, 則折衷於《三傳》; 斷制取法, 則用宋儒胡安國《傳》.

《공양전》과 《곡량전》(십삼경주소본)

040

제자학諸子學

"경經에 이미 어느 정도 밝았다면
비로소 자학子學의 책을 읽어,
그 요체를 바르게 캐어
그들의 사적을 기억해야 한다."

經旣明, 方讀子, 경기명, 방독자,

撮其要, 記其事. 촬기요, 기기사.

【子】춘추전국시대 百家爭鳴하던 시절 각가의 주장과 사상, 이론, 학술을
일컫는 말. 이들의 대표 학자나 선생을 '子'라 불렀으며, 그 저술 이름 역시
동일한 경우가 많다. 흔히 중국 학술 4분법에 의한 '經史子集'의 諸子學을
말하며 文史哲로 구분할 경우 경학과 함께 철학으로 분류된다. 劉歆의
《七略》을 근거로 한 《漢書》藝文志에는 제자학을 10가지로 나누어 '九流
十家'(儒家, 道家, 陰陽家, 法家, 名家, 墨家, 縱橫家, 雜家, 農家, 小說家)라 하였
으며 淸나라 때 〈四庫全書總目提要〉子部 總敍에는 "自六經以外立說者,
皆子書也"라 하였다.

王相〈訓詁〉

《四書》,《六經》皆經也, 固不可不熟讀而考其義理之精微矣. 若經學旣明, 又不可不旁採諸子而讀之. 但諸子之書, 醇疵互見, 必當撮取其簡要之言, 以裨正學; 記憶其事迹之實, 以備參考, 則所學日進於淹博, 而不至流於邪僻矣.

〈제자백가계통표〉

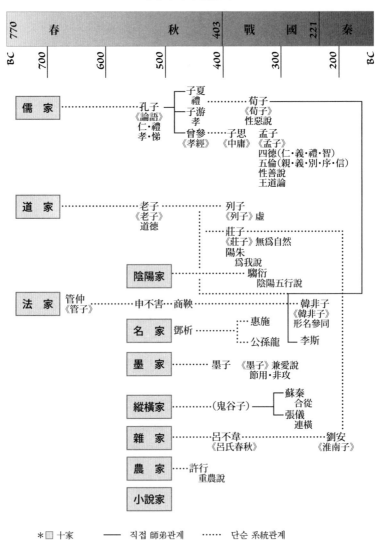

041

오자五子

"제자학諸子學에서 오자五子란
순자荀子, 양웅揚雄, 문중자文中子,
그리고 노자老子와 장자莊子의 저술이다."

五子者: 有荀揚, 오자자: 유순양,

文中子, 及老莊. 문중자, 급로장.

【荀揚】荀子(B.C.315~B.C.236, 혹211)와 揚雄(B.C.58~
A.D.18) 순자는 이름이 況이며 혹 그를 높여 荀卿
이라고도 부른다. 그러나 漢나라 宣帝(劉詢)의
이름을 피휘하여 그 뒤로는 孫子, 孫卿子로도
부르며, 성악설을 주장하였고 저서《荀子》32편을
남겼다. 한편 양웅은 한나라 때 학자이며 문학가
로서 훈고에 밝았고 경학에도 뛰어나,《爾雅》를
본뜬《方言》(15권),《논어》를 본뜬《法言》(揚子
法言, 13권),《주역》을 본뜬《太玄》(太玄經, 10권)
을 남겼다.

〈荀子(순황, 손경)〉

【文中子】책 이름.《中說》이라고도 하며 隋나라 때 王通(584~618)이 지은 것
으로 알려짐. 왕통은 자는 仲淹. 龍門(지금의 山西 河津) 사람으로 初唐四傑

〈王通(文中子)〉《三才圖會》

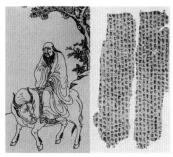

〈老子騎牛圖〉와 마왕퇴 출토 帛書《老子》

〈莊子(莊周)〉《三才圖會》

〈揚雄(楊雄)〉《三才圖會》

의 하나인 王勃의 조부. 시호는 文中子. 《중설》은 2권 10편(〈王道〉, 〈天地〉, 〈事君〉, 〈周公〉, 〈問易〉, 〈禮樂〉, 〈述史〉, 〈魏相〉, 〈立命〉, 〈關郎〉)으로 되어 있으며 정치의 득실에 관한 것과 수신 치국 등에 대한 것임. 왕통이 문인들과 대화한 내용을 그 제자 薛收와 姚義 등이 편집한 것이다.

【老莊】老子와 莊子. 둘 모두 道家의 대표 인물로《史記》에 함께 전이 있다. 노자는 李耳, 자는 담(聃) 시호는 伯陽(혹 시호가 聃)이라 하나 구체적인 생몰 연대나 인물에 대해서는 알 수 없다.《老子》(道德經) 5천 여 자를 남겼다. 장자는 이름은 周. 전국시대 초나라 사람으로 맹자와 같은 시기이다. 《장자》33편을 남겼다. 이 두 저술은 魏晉 시대에는 三玄學(《老子》, 《莊子》, 《周易》)의 기본 교재였으며, 唐나라 때 道敎가 흥성하자 經으로 격상되어《道德經》, 《南華眞經》이 되어《冲虛至德眞經》(《列子》)과 함께 '도가삼경'으로 불렸다.

【五子】순자(순황), 양자(양웅), 문중자(왕통), 노자(이이), 장자(장주)를 가리키나 매우 자의적이다.

王相 〈訓詁〉

子書百家, 浩繁不可勝紀, 就其最善者而讀之, 則有五子: 曰老子, 姓李名耳, 字伯陽, 亳邑人, 東周時爲柱下史, 作《道德經》五千言; 莊子名周, 字子休, 楚蒙城人, 爲漆園令, 作《南華經》；荀子名卿, 楚蘭陵人, 作《荀子》上下二篇；揚子名雄, 漢成都人, 作《太元經》,《法言》二書, 文中子, 姓王名通, 子仲淹, 隋龍門人, 作《元經》,《中說》二書, 諡文中子. 五子大義；奴子不矜名, 不炫德, 以清靜無爲爲尙；莊子寓言觝世, 以離羣絶俗爲高；荀子言性命之學, 擇焉而不精；揚子擬《易》立言, 大醇而小疵；文中子《中說》擬《論語》而人非其倫,《元經》比《春秋》, 尊篡晉, 帝北魏, 背《春秋》之旨. 學者但覰文取義, 而不泥於辭可也.

042
역사를 알아야

"경학과 자학에 통달하고 나서는 여러 역사책을 읽어,
그 계보를 살펴 조대의 시작과 끝을 알아야 한다."

經子通, 讀諸史, 경자통, 독제사,
考世系, 知終始. 고세계, 지종시.

【諸史】 중국의 역사 기록 방법은 (1)紀傳體 (2)編年體 (3)紀事本末體가 있으며,
이를 통해 기록된 여러 역사서를 가리킴.
【世系】 왕통이 이어짐. 원래 상고시대부터 堯舜까지는 천하를 公으로 보아
'公天下'라 하여 '禪讓'으로 이어왔으나, 禹임금이 夏王朝를 건립하고부터는
천하를 집안이 이어간다고 보아 '家天下'라 하여 '世襲'으로 이어갔음. 이
때문에 司馬遷은 《史記》에서 五帝本紀는 묶어서 上古史로 쓰고 첫 왕조인
夏本紀부터 시작한 것임.

(王相 〈訓詁〉)

　《六經》諸子旣通, 然後諸史可讀也. 史書紀一代治亂興亡之事. 君之聖狂,
臣之賢奸, 世系之傳授, 始終之歲年, 可得而考也. 史書之體有二: 曰通史, 曰國史.
國史紀一朝之史, 如《漢書》,《晉書》之類; 通史紀古今之史, 如《通鑑綱目》之類.

國史, 君有〈本紀〉, 臣有〈列傳〉, 政事有〈志〉, 有〈表〉;《通鑑》則編年敘事而已, 其事則本於國史也.

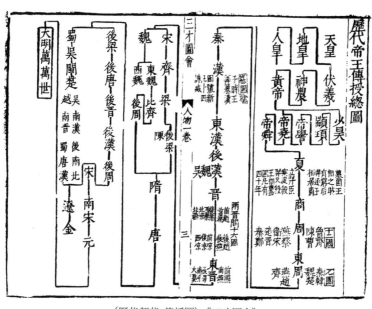

〈歷代朝代 傳授圖〉《三才圖會》

043

삼황三皇

"복희씨伏羲氏와 신농씨神農氏로부터
황제黃帝에 이르기까지를 삼황三皇이라 하며,
먼 상고시대에 살았던 분들이다."

自羲農, 至黃帝. 자희농, 지황제.
號三皇, 居上世. 호삼황, 거상세.

【羲】太昊伏羲氏. 伏羲, 包犧, 庖犧, 伏戲, 宓羲 등 여러 표기가 있으며, 이는
인류 문명발전 단계에서 漁獵, 狩獵의 정착을 표현하는 말뜻임. 風姓이며
처음으로 八卦를 만들었고, 사람들에게 어렵을 가르쳤다 함. 《周易》繫辭
傳(下)에 "古者, 包犧氏之王天下也, 仰則觀象於天, 俯則觀法於地, 觀鳥獸之文,
與地之宜, 近取諸身, 遠取諸物, 於是始作八卦, 以通神明之德, 以類萬物之情.
作結繩而爲罔罟, 以佃以漁, 蓋取諸離"라 함.

【農】炎帝神農氏. 烈山氏라고도 하며 姜姓으로 문명발전 단계에서 火田(烈山)
으로 농업을 시작한 부락집단을 뜻함. 처음으로 농기구 耒耜 등을 만들어
경작법을 퍼뜨렸으며, 아울러 식물의 특성을 살펴 의약을 개발한 것으로도
알려짐. 《周易》繫辭傳(下)에 "包犧氏沒, 神農氏作, 斲木爲耜, 揉木爲耒,
耒耨之利, 以敎天下, 蓋取諸益. 日中爲市, 致天下之民, 聚天下之貨, 交易而退, 各得
其所, 蓋取諸噬嗑"라 함.

【黃帝】軒轅氏. 公孫氏이며 軒轅의 땅에 태어나 헌원씨라고도 함. 姬水가에 살아 성을 姬氏로 하였으며, 有熊이라는 곳에 나라를 세워 有熊氏라고도 함. 신농씨와의 대립으로 楡罔을 阪泉에서 물리쳤고, 蚩尤를 涿鹿에서 쳐 부수었다고 함. 중국 민족의 시조로 추앙받으며 천하의 중앙을 차지하여 黃(중앙, 오행으로 土)자를 넣어 제왕을 뜻하는 황제라 부름. 인류에게 필요한 많은 물건을 창안하고 발명한 것으로도 널리 알려짐.《周易》繫辭傳(下)에 "神農氏沒, 黃帝·堯·舜氏作, 通其變, 使民不倦, 神而化之, 使民宜之. ……黃帝· 堯·舜垂衣裳而天下治, 蓋取諸乾·坤. 刳木爲舟, 剡木爲楫, 舟楫之利以濟不通, 致遠以利天下, 蓋取諸渙. 服牛乘馬, 引重致遠, 以利天下, 蓋取諸隨. 重門擊柝, 以待暴客, 蓋取諸豫. 斷木爲杵, 掘地爲臼, 臼杵之利, 萬民以濟, 蓋取諸小過. 弦木爲弧, 剡木爲矢, 弧矢之利, 以威天下, 蓋取諸睽. 上古穴居而野處, 後世 聖人易之以宮室, 上棟下宇, 以待風雨, 蓋取諸大壯. 古之葬者, 厚衣之以薪, 葬之中野, 不封不樹, 喪期无數. 後世聖人易之以棺槨, 蓋取諸大過. 上古結繩 而治, 後世聖人易之以書契, 百官以治, 萬民以察, 蓋取諸夬"라 함. 한편《史記》 五帝本紀에는 五帝의 첫 임금으로 내세우고 "黃帝者, 少典之子, 姓公孫, 名曰 軒轅. 生而神靈, 弱而能言, 幼而徇齊, 長而敦敏, 成而聰明. 軒轅之時, 神農氏 世衰. 諸侯相侵伐, 暴虐百姓, 而神農氏弗能征. 於是軒轅乃習用干戈, 以征不享, 諸侯咸來賓從. 而蚩尤最爲暴, 莫能伐. 炎帝欲侵陵諸侯, 諸侯咸歸軒轅. 軒轅 乃修德振兵, 治五氣, 蓺五種, 撫萬民, 度四方, 教熊羆貔貅貙虎, 以與炎帝戰 於阪泉之野. 三戰, 然後得其志. 蚩尤作亂, 不用帝命. 於是黃帝乃徵師諸侯, 與蚩尤戰於涿鹿之野, 遂禽殺蚩尤. 而諸侯咸尊軒轅爲天子, 代神農氏, 是爲 黃帝. 天下有不順者, 黃帝從而征之, 平者去之, 披山通道, 未嘗寧居. 東至于海, 登丸山, 及岱宗. 西至于空桐, 登雞頭. 南至于江, 登熊·湘. 北逐葷粥, 合符釜山, 而邑于涿鹿之阿. 遷徙往來無常處, 以師兵爲營衛. 官名皆以雲命, 爲雲師. 置左 右大監, 監于萬國. 萬國和, 而鬼神山川封禪與爲多焉. 獲寶鼎, 迎日推筴. 舉 風后·力牧·常先·大鴻以治民. 順天地之紀, 幽明之占, 死生之說, 存亡之難. 時播百穀草木, 淳化鳥獸蟲蛾, 旁羅日月星辰水波土石金玉, 勞勤心力耳目, 節用 水火材物. 有土德之端, 故號黃帝. 黃帝二十五子, 其得姓者十四人. 黃帝居軒 轅之丘, 而娶於西陵之女, 是爲嫘祖. 嫘祖爲黃帝正妃, 生二子, 其後皆有天下: 其一曰玄囂, 是爲靑陽, 靑陽降居江水; 其二曰昌意, 降居若水. 昌意娶蜀山氏女, 曰昌僕, 生高陽, 高陽有聖德焉. 黃帝崩, 葬橋山. 其孫昌意之子高陽立, 是爲 帝顓頊也"라 함.

【三皇】고대 신화 속의 임금. 여기에서는 또는 伏羲, 神農, 黃帝을 지칭하고 있으나 天皇, 地皇, 人皇을 들기도 하며 그 설은 여러 가지가 있음. 伏羲, 女媧. 神農 혹은 燧人, 伏羲, 神農 또는 伏羲, 神農, 祝融을 들기도 하며, 伏羲, 神農, 共工을 들기도 함.

洪荒之始, 混沌之初, 伏羲以前, 雖有君長, 不可得而詳也. 故司馬遷作《史記》, 以伏羲爲始. 太昊伏羲氏, 始制文字, 首畫八卦, 爲萬世文明之祖; 炎帝神農氏, 始爲耒耜, 樹藝五穀, 立生民養育之源; 黃帝有熊氏制衣裳, 定禮儀, 文明大備, 品物咸亨, 作萬國具瞻之表. 後世首崇祀典, 以義農黃帝爲三皇,《史記》列於前編, 爲千古帝王之冠.

전설상의 삼황 〈천황씨, 지황씨, 인황씨〉《三才圖會》

044

요순堯舜

"고대 당요唐堯와 우순虞舜을 이제二帝라 하며,
서로 읍 하며 나라를 선양해 주어
이때를 태평성대라 칭한다."

唐有虞, 號二帝, 당유우, 호이제,
相揖遜, 稱盛世. 상읍손, 칭성세.

〈요(제요 도당씨)〉《三才圖會》

【唐】唐堯. 고대 唐나라를 세운 堯임금. 이름은
放勳이며 帝嚳의 둘째 아들. 黃帝의 현손으로
성은 伊祈氏. 당에 봉해졌다가 뒤에 陶 땅으로
옮겨 흔히 '陶唐氏'라고도 함.《史記》五帝本紀
에 "帝堯者, 放勳. 其仁如天, 其知如神. 就之如日,
望之如雲. 富而不驕, 貴而不舒. 黃收純衣, 彤車乘
白馬. 能明馴德, 以親九族. 九族既睦, 便章百姓.
百姓昭明, 合和萬國"라 함.
【虞】虞舜. 고대 虞나라를 세운 舜임금. 이름은
重華, 자는 都君. 성은 姚氏. 黃帝의 후대로 서민
이 되어 농사를 짓던 중 堯에게 발탁되어 禪讓

으로 나라를 이어받음. 아버지 瞽瞍와 아우 象에게 효도와 우애를 다한 것으로 널리 알려짐. 《史記》五帝本紀에 "虞舜者, 名曰重華. 重華父曰瞽叟, 瞽叟父曰橋牛, 橋牛父曰句望, 句望父曰敬康, 敬康父曰窮蟬, 窮蟬父曰帝顓頊, 顓頊父曰昌意: 以至舜七世矣. 自從窮蟬以至帝舜, 皆微爲庶人. 舜父瞽叟盲, 而舜母死, 瞽叟更娶妻而生象, 象傲. 瞽叟愛後妻子, 常欲殺舜, 舜避逃; 及有小過, 則受罪. 順事父及後母與弟, 日以篤謹, 匪有解. 舜, 冀州之人也. 舜耕歷山, 漁雷澤, 陶河濱, 作什器於壽丘, 就時於負夏. 舜父瞽叟頑, 母嚚, 弟象傲, 皆欲殺舜. 舜順適不失子道, 兄弟孝慈. 欲殺, 不可得; 卽求, 嘗在側. 舜年二十以孝聞. 三十而帝堯問可用者, 四嶽咸薦虞舜, 曰可. 於是堯乃以二女妻舜以觀其內, 使九男與處以觀其外. 舜居嬀汭, 內行彌謹. 堯二女不敢以貴驕事舜親戚, 甚有婦道. 堯九男皆益篤. 舜耕歷山, 歷山之人皆讓畔; 漁雷澤, 雷澤上人皆讓居; 陶河濱, 河濱器皆不苦窳. 一年而所居成聚, 二年成邑, 三年成都. 堯乃賜舜絺衣, 與琴, 爲築倉廩, 予牛羊. 瞽叟尙復欲殺之, 使舜上塗廩, 瞽叟從下縱火焚廩. 舜乃以兩笠自扞而下, 去, 得不死. 後瞽叟又使舜穿井, 舜穿井爲匿空旁出. 舜旣入深, 瞽叟與象共下土實井, 舜從匿空出, 去. 瞽叟·象喜, 以舜爲已死. 象曰:「本謀者象」象與其父母分, 於是曰:「舜妻堯二女, 與琴, 象取之. 牛羊倉廩予父母.」象乃止舜宮居, 鼓其琴. 舜往見之. 象鄂不懌, 曰:「我思舜正鬱陶!」舜曰:「然, 爾其庶矣!」舜復事瞽叟愛弟彌謹. 於是堯乃試舜五典百官, 皆治"라 함.

【二帝】요(唐堯)와 순(虞舜) 두 임금을 가리킴. 이에 대응하여 흔히 '五帝'를 거론하며 역시 고대 임금들로 설이 여러 가지임. 《史記》五帝本紀와 《大戴禮記》五帝德에는 흔히 黃帝, 顓頊, 帝嚳, 堯, 舜을 들고 있으며, 그 외에 太皞伏羲氏, 炎帝神農氏, 黃帝軒轅氏, 少皞金天氏, 顓頊高陽氏를 들기도 하고 또는 少皞, 顓頊, 帝嚳, 堯, 舜을 또는 伏羲, 神農, 黃帝, 堯, 舜을 들기도 함.

〈舜(제순 유우씨)〉《三才圖會》

【揖遜】禪讓을 뜻함. 천하를 자신의 아들에게 물려주지 아니하고, 현능한 이에게 물려주는 방법. 고대 '公天下'의 개념으로 순임금까지 선양 방법이었으며, 그 다음의 禹임금부터는 夏나라를 세워, 왕조로써 '家天下', 즉 世襲 제도가 시작됨.

黃帝之子少昊金天氏, 在位八十四年. 黃帝之孫顓頊高陽氏, 在位七十五年. 金天之孫帝嚳高辛氏, 在位七十年. 並堯舜爲五帝. 作者但言堯舜者, 以其功德最高也. 帝堯陶唐氏, 高辛少子, 兄帝摯無道, 諸侯廢之而立堯. 自唐侯而爲天子, 其始封於陶, 故號陶唐氏. 堯之爲君也, 其仁如天, 其智如神, 巍巍蕩蕩, 民無能名, 在位七十二年. 有子弗肖, 求賢而禪於虞, 是爲帝舜有虞氏. 舜, 黃帝之裔孫, 父頑母嚚, 克諧以孝, 耕稼陶漁, 日彰其德. 四岳薦之於堯, 妻以二女, 俾總百揆, 後遜以位, 擧用九官十二牧, 八元八愷之賢, 誅四凶之不肖, 使禹治水成功, 在位六十一年而禪於禹. 唐虞之際, 世樂雍熙, 揖遜而有天下, 可謂盛矣. 盖自黃帝以來, 始有年甲可紀, 自黃帝至舜, 凡六世, 四百八十年.

　○顓頊, 音專旭. 嚚, 音銀. 揆, 音葵.

045
삼왕三王

"하夏나라를 세운 우禹임금과 상商나라를 세운 탕湯임금,
그리고 주周나라의 문왕文王과 무왕武王을 일러
삼왕三王이라 한다."

夏有禹, 商有湯, 하유우, 상유탕,
周文武, 稱三王. 주문무, 칭삼왕.

〈禹〉宋 馬麟(畫)

【禹】 중국 최초의 왕조인 夏나라를 세운 첫 개국시조.
성은 姒氏. 하왕조는 대략 서기전 22세기부터 서기전 18
세기까지 우임금으로부터 桀王까지 14世 17主, 471년을
이어갔음. 이에 《史記》에는 夏本紀를 정식 朝代의 본기로
삼고 있음.
【湯】 상(은)나라를 세운 개국시조. 子姓이며 이름은 履. 원래
그 시조는 설(契)로써 그 후손 탕에 이르러 하의 말왕
桀을 물리치고 박(亳, 河南 商丘)을 도읍으로 나라를 세움.
뒤에 殷(지금의 河南 安陽)으로 도읍을 옮겨 흔히 殷나라
라고도 함. 대략 서기전 18세기부터 서기전 12세기까지
17세 30주, 6백여 년 이어졌으며, 그 마지막 임금 紂(帝辛)
에 이르러 周나라에게 망함. 《사기》 은본기 참조.

【文武】주나라 개국시조 문왕(姬昌)과 그 아들 무왕
(姬發). 주나라는 원래 后稷(姬棄)의 후손으로 서쪽
으로 떠돌다 岐山 아래에 건국하여 희창이 西伯
이 되었으며, 은나라 말왕 紂의 폭정에 맞섰다가
유리(羑里)의 감옥에 갇히기도 함. 위에 散宜生의
도움으로 구출되었으며, 그 아들 희발에 이르러
제후들을 규합, 牧野에서 紂를 쳐 없애고 鎬에
도읍하여 주나라를 세운 다음 아버지 희창을
文王으로 추존함.《史記》周本紀 참조.

〈文王〉(周)

【三王】夏禹, 商湯, 周文王, 周武王 등 네 명을 가리킴. 夏·殷·周 三代의 개국
聖王을 뜻함.

【王相〈訓詁〉】

二帝之盛, 爲君道立極. 繼其盛者, 則有三王. 夏后氏之君, 首稱禹王. 禹者,
受禪成功之謂. 繼夏者商, 則有湯王. 湯者, 除殘去虐. 繼商者周, 則有文武二王.
文者, 武之父, 經天緯地曰文. 武者, 文之子, 伐暴救民曰武. 是皆三代受命之始祖,
故曰三王. 堯, 舜, 禹, 湯, 文, 武, 二帝三王, 所謂繼天立極, 爲萬世之君師者也.

046
하夏나라

"하夏나라는 아들에게 세습으로 물려주어
천하를 자신의 집안으로 여겼으며,
4백년이 흘러 그 하나라의 사직은
상商나라에게 옮겨 가고 말았다."

夏傳子, 家天下, 하전자, 가천하,
四百載, 遷夏社. 사백재, 천하사.

【夏傳子】 하나라 禹王은 최초로 하왕조를 건립한 다음 그 왕통을 세습제로
하였음. 《史記》 夏本紀에 의하면 禹는 益이라는 사람을 거용하여 그에게
천하를 넘겨주려 하였으나, 우의 아들 啓가 총명하다고 여겨 많은 사람들이
그에게 의탁하자 아들에게 넘겨, 선양을 성취하지 못한 것으로 미화하고
있음. 그 뒤로 太康을 거쳐 계속 아들에게 왕위가 이어져 세습제도가 일반화
되었음.
【家天下】 '公天下'(禪讓)에 상대되는 개념으로 천하를 가정의 세습으로 여긴 것.
【四百載】 4백년. 載는 歲, 年과 같음. 하나라는 기원전 22세기부터 18세기까지
약 4백년 이어갔음을 말함.
【社】 세 글자씩 맞추기 위하여 '社稷'을 줄여서 표현한 것. 社는 토지신, 稷은
곡식신을 모시기 위한 사당으로 국가를 상징하는 말로 쓰임. "遷夏社"는
하나라의 사직(국운)이 商나라로 옮겨 갔음을 말함.

前通論三王, 此則各言其終始. 三皇五帝以天下爲公, 傳賢而授位, 謂之'官天下'. 若夫'家天下', 則自夏后氏始. 禹姓姒氏, 顓頊之後也. 平治洪水, 聖德神功, 及人悠久. 復生賢子曰啓, 賢能誠敬, 繼禹之道. 禹崩之日, 讓位於其臣伯益, 天下之民不從益而從啓, 曰:「吾君之子也.」自禹之傳子, 後世以天下爲家, 故曰'家天下'. 夏歷十七世, 至桀耽酒嗜色, 無道虐民, 而國以亡. 凡四百五十八年.

〈大禹像〉山東 嘉祥縣 武梁祠(東漢 畵像石)

047

상商나라

"탕湯은 하나라 걸桀을 토벌하여 국호를 상商이라 하였으며,
6백년이 흘러 주紂임금 때 나라가 망하였다."

湯伐夏, 國號商,　탕벌하, 국호상,

六百載, 至紂亡.　륙백재, 지주망.

【湯伐夏】 은나라 탕임금이 하나라 말왕 桀을 쳐 없애고 나라를 멸망시켰음을
말함.
【商】 탕은 처음 박(亳) 땅에 도읍하여 그곳을 상이라고도 불러 나라 이름을
정한 것. 뒤에 盤庚에 이르러 殷으로 옮겨 은나라라고도 함.
【六百載】 은나라는 6백여 년간을 이어갔음.《史記》殷本紀 集解에 "譙周曰:
「殷凡三十一世, 六百餘年」"이라 함.
【紂】 은나라 말왕. 폭군으로 널리 알려져 있음. 이름은 受, 廟號는 辛. 周나라
武王에게 망함.

王相〈訓詁〉

繼夏爲君者, 商也. 湯姓子氏, 名履, 高辛之子, 契之後也, 世封於商. 伐桀而
有天下, 傳祚二十八世, 六百四十四年, 至紂無道而失其國.

〈商湯像〉

048

주周나라

"주周나라 무왕武王은 비로소 주紂임금을 주벌하고,
나라를 세워 8백년이 이어갔으니 가장 길었던 왕조이다."

周武王, 始誅紂, 주무왕, 시주주,
八百載, 最長久. 팔백재, 최장구.

【周武王】周나라 姬發. 문왕(姬昌)의 아들이며 殷紂를 쳐 없애고 아버지 희창
을 文王에 봉하였음. 아우 周公(姬旦)의 도움으로 나라의 기초를 삼아 중국
고대왕조의 문물제도를 확립하였음. 문왕과 무왕, 주공 모두 儒家의 성인
으로 추앙받음.
【八百載】《史記》周本紀 集解에 "皇甫謐曰:「周凡三十七王, 八百六十七年」
이라 함.

> **王相 〈訓詁〉**

　　紂爲商王帝乙之子, 言足拒諫, 智足飾非, 寵嬖妲己, 炮烙庭臣, 刳剔孕婦,
以觀男女; 斫人脛骨, 驗髓盈枯; 剖叔父比干之心. 西伯周武王興師伐紂, 而遷
殷社焉.

周自文武開基, 都於酆鎬, 成康繼世, 天下咸安. 傳昭王, 穆王以及共, 懿, 孝, 夷, 厲, 凡十二世, 而厲王以無道失國. 宣王中興, 至幽王復無道, 而見殺於西戎. 其子平王, 東遷於洛, 是爲東周. 傳桓, 莊, 僖, 惠, 襄, 頃, 匡, 定, 簡, 靈, 景, 悼, 敬, 元, 貞定, 哀, 思, 考, 威烈, 安烈, 顯, 愼靚, 至赧王而周亡. 凡東西周, 共三十八世, 八百七十四年, 有國之最長者也.

〈周武王〉宋 馬麟(畫)

049
동주東周

"주周나라가 수레를 동쪽 낙읍雒邑으로 옮긴 뒤에
왕권의 기강이 추락하여,
전쟁이 끊이지 않았으며
유세游說를 숭상하는 시대가 되고 말았다."

周轍東, 王綱墜, 주철동, 왕강추.
逞干戈, 尚游說. 령간과, 상유세.

【周轍東】주나라가 동쪽으로 수레를 옮겨 감. 주나라는 전반기를 西周(鎬京을
도읍으로 함)라 하며, 후반기를 東周(동쪽 雒邑으로 도읍을 옮김)로 나누며,
다시 동주의 전반기를 春秋, 후반기를 戰國으로 나눔.

【王綱墜】王(천자국의 임금)의 권위가 추락함. 동주로 옮긴 다음 왕권이 미약
해졌으며, 천자만이 '王'의 칭호를 쓰고 제후는 '公侯伯子男'이었으나, 春秋
중후기 이후 楚나라부터 왕을 참칭하기 시작하였고, 戰國시대는 모든 제후
국들이 왕의 칭호를 사용하는 등 종주국 주나라에 대한 권위를 인정하지
아니하였음.

【干戈】전쟁. 부국강병을 내세워 무력으로 국가 간의 분쟁을 일으키고 침탈
함. 이에 따라 王道정치는 무너지고 霸道정치로 바꾸었으며, 그 결과 春秋五
霸와 戰國七雄이 등장함.

【游說】遊說로도 표기하며, 전국시대 나라 간의 이해를 풀기 위한 유세술이 등장하였음. 이로써 서민일지라도 현능한 자는 재상의 지위에 오를 수 있었으나, 대신 사술과 모략이 난무하는 시대로 바뀜. 이에 왕권이나 기존 질서보다는 유세로 출세하는 능력을 숭상하는 시대가 되었음을 말함.

王相〈訓詁〉

周者東遷, 諸侯强大, 王令不行, 列國日尋干伐, 互爲侵伐. 游說之士, 逞口舌爲縱橫之言, 以興戰鬪而已.

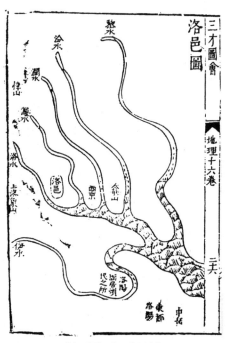

〈洛邑圖〉《三才圖會》

050
춘추전국春秋戰國

"춘추시대가 시작되어 전국시대로 끝을 맺을 때까지
오패五霸가 강하였고, 칠웅七雄이 출현하였다."

始春秋, 終戰國, 시춘추, 종전국,
五霸彊, 七雄出. 오패강, 칠웅출.

【春秋】서주 말기 서융의 발호와 왕권의 추락, 세습제도의 혼란, 제후국 간의 불신, 褒姒 사건 등으로 나라가 망하고, 平王이 동쪽 雒邑(洛邑)으로 옮긴 다음 더욱 왕권이 추락하여 제후국들이 패도정치로 천하를 이끈 시대. 이 시기는 마침 공자가 찬술한 《춘추》의 기록 시기인 B.C.770~B.C.476년과 비슷하여 '춘추시대'라 부르며 대체로 東周의 전반기 242년 간이 이에 해당함.
【戰國】역시 시대 이름으로 동주의 후반기에 해당하며 劉向이 편찬한 《戰國策》은 이 시기의 궤휼(詭譎)과 유세, 국가 사이의 정세를 기록한 것으로 대체로 B.C.745~B.C.221년 秦始皇의 천하통일까지임.
【五霸】춘추시대 패권으로 천하를 호령하였던 다섯 제후국의 군주. 주로 齊桓公·晉文公·宋襄公·秦穆公(秦繆公)·楚莊王을 들고 있으나 혹 越王 句踐과 吳王 夫差를 넣는 등 여러 설이 있음.
【七雄】전국시대 가장 강성했던 일곱 제후국. 秦(咸陽)·楚(郢)·燕(薊)·齊(臨淄)·韓(新鄭)·魏(大梁)·趙(邯鄲). 이중 한, 위, 조는 춘추시대 晉나라가 분할한 것으로 '三晉'이라 불렸으며, 齊나라는 田氏가 찬탈하여 田氏齊로 불렸음.

한편 서쪽 진나라의 세력이 가장 강하여 나머지 여섯 나라를 六國이라 불렀으며, 이의 국제 관계를 해결하기 위한 合從連橫이 성행함. 이의 대표적인 인물이 蘇秦(合從)과 張儀(連橫)였으며, 뒤에 결국 秦始皇에 의해 천하가 통일됨(B.C.221)《전국책》및《사기》참조.

王相 〈訓詁〉

平王東遷之始, 則謂春秋; 孔子絶筆之後, 則爲戰國. 春秋諸侯有齊桓公, 晉文公, 宋襄公, 秦繆公, 楚莊王, 迭爲雄長, 盟會諸侯, 謂之五霸. 至於威烈以後, 諸侯强橫, 僭恣稱王, 憑陵小國, 吞食殆盡, 而七雄出焉. 七雄者: 秦, 楚, 齊, 燕, 韓, 趙, 魏也, 各逞兵戈, 互相吞幷. 當五霸時, 雖云詐力, 猶假仁義, 尊王伐叛, 有扶傾濟弱之功; 及乎七雄自王, 周室衰微, 下同小國, 周祚雖長, 猶一線之僅延而已.

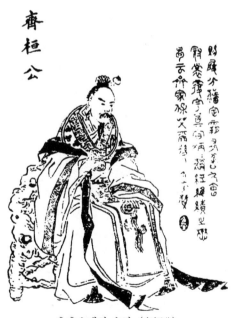

춘추오패의 수장 〈齊桓公〉

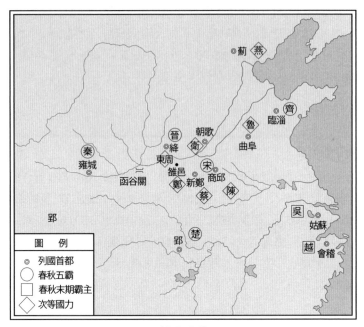

〈춘추시대〉

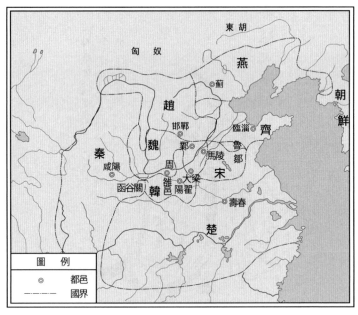

〈전국시대〉

051
진秦나라

"영정嬴政 진시황秦始皇이 비로소 천하를 겸병하고 나서,
이세二世 호해胡亥에게 물려주었을 때 혼란을 맞아
초楚나라 항우項羽와 한漢나라 유방劉邦의 쟁탈전이 벌어졌다."

嬴秦氏, 始兼併, 영진씨, 시겸병,

傳二世, 楚漢爭. 전이세, 초한쟁.

【嬴秦】진나라는 영씨(嬴氏)이며 秦始皇(B.C.259~B.C.220 재위)의 성명은 嬴政. 이에 따라 진시황을 대표하는 말로 쓰인 것. 이러한 성씨는 고대 모계사회의 성씨가 이어진 것이며, 상고시대 여러 성씨(姬, 姒, 姚, 嬀, 姜, 嬴)는 모두 이와 같음. 한편 진시황은 呂不韋의 핏줄로서 莊襄王의 아들이 되어 13세에 즉위하여 재위 26년째인 B.C.221년 六國을 멸하고 천하통일을 이룸. 그리고 나서 三皇五帝의 '皇'자와 '帝'자를 취하고 만대에 이어질 첫 皇帝라 하여 '始皇帝'라 함. 주나라 이후 이어오던 봉건제를 폐하고 군현제를 채택, 천하를 36군으로 나누어 강력한 중앙집권제를 실시함. 뒤에 서남쪽을 순행하다가

〈진시황〉《三才圖會》

재위 37년째에 沙丘(지금의 河北 平鄕)에서 죽고 아들 二世 胡亥가 이었으나, 즉시 전국의 봉기로 인해 곧이어 나라가 망함. (《史記》秦始皇本紀 참조)

【兼倂】진나라가 천하를 겸병하여 통일을 이룸을 말함. B.C.230년 韓나라를 멸하고, 이어서 B.C.225년 魏나라를, B.C.223년 楚나라를, B.C.222년 燕나라와 趙나라를, 그리고 B.C.221년 마지막으로 齊나라를 멸하고 드디어 천하를 통일함.

【二世】胡亥. 진시황의 둘째 아들로 二世黃帝에 올랐으나 趙高의 핍박을 받아 자결함. B.C.209~B.C.207 재위. 이어서 子嬰이 들어섰으나 劉邦에게 항복하였다가 項羽에게 죽어 나라가 망함.

【楚漢】項羽와 劉邦을 가리킴. 진나라 말기 진시황의 삼대 토목공사(아방궁, 여릉, 만리장성)에 시달린 백성들의 원망이 늘어나자 처음으로 陳勝과 吳廣이 반기를 들었고, 이에 전국에 반진봉기 세력이 일어남. 이 때 下相(지금의 江蘇 宿遷)의 楚나라 귀족 項羽(項籍)이 숙부 項梁과 함께 吳中에서 일어나 函谷關에 이르러, 항복한 진나라 왕자 嬰을 죽이고 천하를 분봉하면서, 자신은 스스로 楚霸王(西楚霸王)이 되었음. 뒤에 자신이 漢中王(漢王)으로 봉했던 劉邦(漢高祖)과 힘든 楚漢戰에서 끝내 吳江 垓下에서 패하여 자결함. (《史記》項羽本紀 참조) 한편 유방은 沛縣 豐邑(지금의 江蘇 豐縣) 사람으로 자는 季. 처음 泗水亭長의 낮은 관리였으나, 많은 주위 사람들의 추대로 沛公이 되어 항우와 함께 초나라 義帝를 가왕으로 세우고 진나라 토벌에 나섬. 뒤에 항우에게 밀려 진나라 서울 咸陽을 양보하고 항우에 의해 漢王에 봉해졌으나, 결국 항우와 천하를 두고 다툰 끝에 성공함. 나라를 漢이라 하고 長安을 도읍으로 정하여 한나라 개국황제가 됨. 재위 12년(B.C.256~ B.C.195). 묘호는 高祖. (《史記》高祖本紀 참조)

王相 〈訓詁〉

嬴, 秦國之姓也. 秦, 伯益之後, 非子, 起自西戎, 事周孝王, 牧馬蕃庶, 封國於秦. 至襄公而國日富, 繆公而國日强. 惠文稱王, 蠶食列國, 昭襄益大, 呑幷諸侯, 赧王獻土而周室亡; 傳孝文, 莊襄, 滅東周君而姬祚盡. 迨及始皇帝, 爲莊襄子, 其母先有娠而生始皇, 實呂氏之子, 冒繼秦祚, 而嬴氏亡矣. 始皇席强大之業, 蕆六國而成一統, 威武强暴, 以臨天下. 銷兵革, 築長城, 焚詩書, 尙律令,除諡號, 自稱始皇, 欲傳國於萬世. 在位三十七年, 東巡狩而崩於沙邱. 宦者趙高, 矯詔殺太子扶蘇而立小子胡亥, 是爲二世. 酷暴厚斂, 斬絶宗枝, 大興土木, 戶口逃亡, 天下大亂. 楚人陳勝起兵, 不成而敗, 繼之者項梁, 項羽, 立楚後以伐秦. 漢高祖劉季爲泗上亭長, 因民大亂, 合楚興兵, 入關滅秦, 二世已爲趙高所弑, 三世子嬰素車白馬而降. 秦有天下才三世四十三年而亡. 項羽封高祖爲漢王, 國於西蜀, 恐其東歸, 立雍, 塞, 翟三王以阻之. 未幾, 漢王出定三秦, 與楚戰於成皋, 凡七十餘戰, 互有勝負, 終會兵於垓下以破楚, 項王勢窮自刭, 而漢興矣.

三字經 161

052

한漢나라

"고조高祖 유방이 일어서서 한漢나라 왕업을 세웠으며,
평제平帝 때에 이르러 왕망王莽이 나라를 찬탈하였다."

高祖興, 漢業建, 고조흥, 한업건,
至孝平, 王莽簒. 지효평, 왕망찬.

〈漢高祖 劉邦〉《三才圖會》

【高祖】漢나라 개국군주 劉邦. '高祖'는 죽은 뒤 사당 위패의 이름인 廟號임.
【孝平】平帝. 서한 최후의 황제. 劉衎(A.D.1~5 재위). 宣帝의 증손이며 元帝의 서손, 中山孝王의 아들로 3살에 왕위에 봉해졌으며, 9살에 제위에 올랐으나 곧이어 王莽에 의해 시살됨. 뒤에 孺子 嬰이 들어섰으나 王莽에 의해 망하여, 西漢(B.C.202~A.D.8)이 종결됨. 한편 한나라는 孝惠帝부터 廟號 앞에 '孝'자를 붙여 시호로 삼았으며 《漢書》惠帝紀·孝惠皇帝의 주에 "孝子善述父之志, 故漢家之諡, 自惠帝已下皆稱孝也"라 함. 《漢書》平帝紀 참조.
【王莽】西漢을 멸한 왕실의 인척. 자는 巨君(B.C.45~A.D.23). 孝元皇后의 조카이며 成帝 때 大司馬가 되었고, 平帝가 어린 나이에 즉위하자 정권을 잡고

스스로 '安漢公'이라 함. 뒤에 평제를 시살하고 어린 아들 嬰을 세워 섭정하면서 '攝皇帝'라 자칭함. 얼마 뒤 스스로 제위를 찬탈하고 나라 이름을 '新'으로 바꾸어 15년간 재위하였으며, 뒤에 한나라 병사들에게 죽음을 당하고 말았음. 《漢書》王莽傳 참조.

王相 〈訓詁〉

《史記》之書, 始於三皇, 終於漢武. 班氏作《前漢書》以紀西京十二帝. 前漢高祖姓劉氏, 名邦, 字季, 沛人也. 誅秦滅楚而有天下, 都長安, 傳惠, 文, 景, 武, 昭, 宣, 元, 成, 哀, 平, 孺子, 凡十二世, 而王莽簒位. 王莽者, 孝元王皇后之兄子也, 以謙恭竊名而致宰相, 鴆殺平帝, 假立孺子, 復廢之而自立. 凡十八年, 炎漢復興而誅莽.

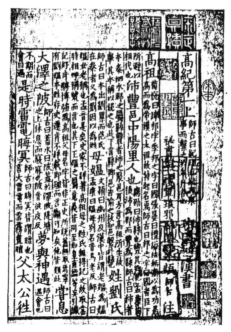

《漢書》 북송 景祐연간 판본

053

동한東漢

"광무제光武帝 유수劉秀가 일어서서 동한東漢을 세웠으며,
4백년이 흘러 헌제獻帝 때 나라가 끝을 맺고 말았다."

光武興, 爲東漢, 광무흥, 위동한,
四百年, 終於獻. 사백년, 종어헌.

〈光武帝劉秀〉 동한 개국 군주

【光武】東漢을 세운 光武帝 劉秀(B.C.6~A.D.57).
자는 文叔, 한 고조 유방의 9세손으로 민간에서
성장함. 왕망 말년에 宛(지금의 河南 南陽)에서 봉기
하여 更始帝 劉玄의 명을 받아 태상편장군에 올라
왕망군을 곤양에서 대파함. 왕망이 망하고 군웅
들이 경쟁을 벌여 서로 왕을 칭하자 유수는 건무
원년(A.D.25) 황제에 즉위하여 천하를 평정함. 낙양에
도읍하였으며 25~57년까지 33년간 재위함.

【東漢】한나라는 두 조대로 나누어 시기적으로 전기를 '前漢'이라 하고, 후기
를 '後漢'이라 하며 이를 달리 도읍을 서쪽 長安에 두었던 시기를 '西漢'(전한),
광무제가 건국하여 동쪽 洛陽에 두었던 시기를 '東漢'(후한, 25~220)이라 부름.

【四百年】서한과 동한을 합쳐 劉氏 왕조의 전 기간을 대체적으로 말한 것.
서한은 고조 원년(B.C.206)부터 孺子嬰 3년(A.D.8년)까지 214년간이었으며
동한은 광무제로부터 8세 14주, 196년간으로 모두 합하여 410년간이었음.

【獻】 동한 마지막 황제 獻帝. 劉協(189~220 재위). 靈帝의 아들이며 재위 31년. 줄곧 董卓과 曹操에게 제압을 당하였으며, 결국 曹丕(魏)에게 나라를 빼앗기고 山陽公으로 강등되었음. 《後漢書》獻帝紀 참조.

王相 〈訓詁〉

後漢光武皇帝, 名秀, 景帝七世孫, 以布衣起兵, 誅王莽, 滅羣盜而復興漢室, 都洛陽, 是爲東漢. 傳明, 章, 和, 殤, 安, 順, 沖, 質, 桓, 靈, 獻, 凡十二世, 而禪於魏. 兩漢共歷二十四世, 四百二十五年.

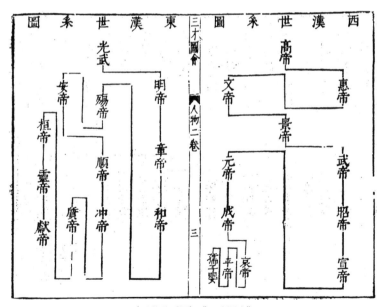

〈兩漢世系圖〉《三才圖會》

054

삼국三國과 서진西晉

"촉蜀의 유비劉備, 위魏의 조조曹操, 오吳나라 손권孫權이
한나라를 셋으로 나누어, 이를 삼국三國이라 하며,
진晉나라 사마씨司馬氏에 이르러
비로소 분열 국면이 마감되었다."

蜀魏吳, 分漢鼎, 촉위오, 분한정,

號三國, 迄兩晉. 호삼국, 흘량진.

【蜀】221~263년. 동한 헌제가 조비에게 나라를 빼앗기자, 劉備가 한나라
종실로써 촉(蜀, 지금의 四川 成都)에 나라를 세워 蜀漢이라 불렀음. 2世 2主,
43년간 이어감.

【魏】220~265년. 동한 헌제 때 조비가 한나라를 찬탈하고 그곳 洛陽을 도읍
으로 국호를 魏로 바꿈. 뒤에 촉한을 멸하였으나 265년 司馬炎(晉)에게 나라
를 잃음. 4世 5主, 46년간 존속하였음.

【吳】222~280년. 孫權이 江東에서 칭제하여 建業(지금의 南京)에 도읍하여
국호를 吳라 하였으며, 4世 4主 59년간 존속함. 삼국 중에 가장 늦도록
버티다가 司馬炎에게 망함.

【三國】220~265년. 魏·蜀·吳 삼국이 정립하였던 시기로, 시작은 220년 비록
촉이 아직 칭제하지 않았으나 이때를 기점으로 하며, 265년에는 오나라가
아직 망하지 않았으나 그 시기 이후는 西晉시대로 구분하고 있음.

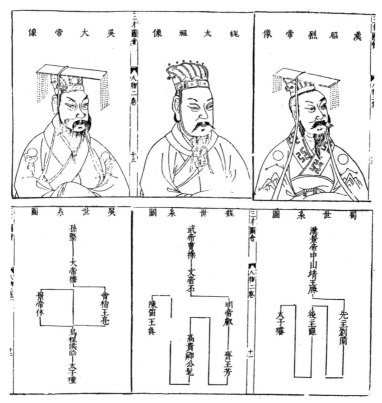

삼국 개국 군주(劉備, 曹操, 孫權)와 〈삼국세계도〉《三才圖會》

【兩晉】 西晉과 東晉. 위나라 대신이었던 司馬炎이 泰始 원년(265) 칭제하여 武帝가 되어, 愍帝(司馬鄴)의 建興 4년(316) 망할 때까지 洛陽에 도읍한 52년 간을 '서진'이라 하며, 元帝(司馬睿)가 建武 원년(317) 建康(지금의 南京)으로 천도하여 恭帝(司馬德文) 元熙 2년(420) 劉裕에게 망할 때까지 104년간을 '동진'이라 함. 이는 지역적으로 보아 북에서 남으로 내려온 것이지만 經度상 으로 동쪽에 위치하여 동진이라 부른 것임. 한편 본문 '蜀魏吳'는 혈통상 촉을 동한을 이은 정통으로 본 것으로 촉을 앞에 내세운 것이며, 역사적 으로는 동한을 이어 옥새를 직접 받은 위나라를 정통으로 하여 '魏蜀吳'로 보고 있음. 현존《三字經》최고본인 淸 道光본의《三字經故實》에 따랐음.

兩《漢書》後有《三國志》. 三國者何? 魏, 蜀, 吳是也. 魏國, 曹氏, 名操, 譙人也. 當董卓之亂, 天子蒙塵, 操迎駕都許, 挾天子令諸侯, 削平僭亂, 爲德日盛. 子丕繼立, 受漢禪位而有天下, 國號曰魏. 傳子叡, 孫芳, 髦, 以及姪璜, 而禪於晉. 凡五世, 四十六年. 蜀, 劉氏, 名備, 景帝之後. 起兵討賊, 據有荊蜀, 漢亡稱帝. 傳子禪, 二世, 四十三年.

○吳, 孫權, 父堅, 兄策, 積累世之業, 跨有江表, 傳子亮, 休, 孫皓, 四世, 五十九年, 而滅於晉.

○三國之祚, 皆歸於晉. 晉司馬氏, 名炎, 祖懿, 伯師, 父昭, 四世執魏政, 受禪而有天下, 都於洛陽, 是爲武帝. 傳子惠帝, 懷帝, 孫愍帝. 懷愍俱見殺於前趙, 而西晉亡. 凡四世, 五十二年.

○東晉牛氏, 司馬懿孫琅琊恭王妃夏侯氏通牛氏之子而生睿, 冒襲王爵, 據有江表, 值晉失國, 遂稱帝金陵, 是爲東晉. 元帝傳子明帝, 孫成帝, 康帝, 曾孫穆帝, 哀帝, 帝変以及元帝小子簡文, 孫孝武帝, 曾孫安帝, 恭帝, 凡十二世, 百二年. 右兩晉共十五世, 一百五十四年.

○兩晉之間, 前後僭僞於北方者, 凡十六國, 總計二趙, 三秦, 五燕, 五涼, 蜀, 魏, 夏, 而拓拔氏之代魏不與焉. 前趙劉淵, 單于左賢王, 惠帝時, 據平陽, 稱漢帝, 傳子劉聰, 陷長安, 執晉二帝, 傳子和, 淵, 姪曜, 曜子熙, 凡五世二十六年, 滅於後趙.

○後趙石勒, 淵之將, 元帝時據襄國, 傳子弘, 弟虎, 虎子世, 遵, 鑒, 祗七世三十二年, 滅於冉閔.

○前燕慕容廆, 鮮卑部長, 子皝, 懷帝時據鄴稱王, 歷皝子儁稱帝, 儁子暐, 四世六十三年滅於秦.

○後燕慕容垂, 皝子, 孝武時叛秦稱帝, 歷子寶, 孫盛寶弟熙, 四世二十四年, 滅於高雲.

○西燕慕容泓, 儁子, 據華陰, 歷弟冲, 冲姪顗, 冲子瑤, 泓子忠, 泓弟永, 六世十年, 滅於後燕.

○南燕慕容德, 垂弟, 據滑臺, 歷子超, 二世十一年, 滅於晉.

○北燕馮政, 慕容垂臣, 據龍城, 歷弟弘, 二世二十八年.

○前秦苻洪, 穆帝時據長安, 歷洪子健, 孫生, 健弟堅, 堅子丕, 登, 登子崇, 七世四十六年, 滅於後秦.

○後秦姚萇, 叛秦據長安, 歷子興, 孫泓, 三世三十四年, 滅於晉.

○西秦乞伏國仁, 秦將, 據金城, 歷弟乾歸, 孫熾磐, 磐子暮末, 四世四十七年, 滅於夏.

○前涼張軌, 晉臣, 惠帝時據平涼, 傳子寔, 孫茂, 茂子駿, 駿子重華, 華子曜靈, 華弟祚, 曜靈弟元靚, 祚弟天錫, 九世七十六年, 滅於秦.

○後涼呂光, 秦將, 據涼, 傳子紹, 慕, 隆, 四世十七年, 滅於後秦.

○南涼禿髮烏孤, 涼將, 據樂都, 歷弟利鹿孤, 孤俘僂, 三世十九年, 滅於西秦.

○西涼李暠, 北涼段業臣, 據晉昌, 傳子歆, 恂, 三世十九年, 滅於北涼.

○北涼段業, 後涼將, 據張掖稱王五年, 其臣沮渠蒙遜弒之自立, 傳子牧犍, 兩姓, 三世四十三年, 滅於魏.

○蜀李特, 惠帝時, 據廣漢, 傳子雄, 稱成帝, 歷姪班, 期, 期叔壽, 改號漢, 傳子勢, 六世四十七年, 滅於晉.

○魏冉閔, 石虎養孫, 殺虎子自立, 三年, 燕人誅之.

○夏赫連勃勃, 劉淵之族, 據統萬, 傳子昌, 定, 三世二十五年, 滅於吐谷渾.

○北燕高雲, 弒慕容熙而自立, 三年, 爲其下所殺, 馮跋繼立. 雲與冉閔弒逆不終, 西燕六主, 自相戕殺. 三者不成國, 餘十六國, 俱附見《晉書》.

○虺, 音巍. 兊, 音晃. 俘僂, 音辱壇.

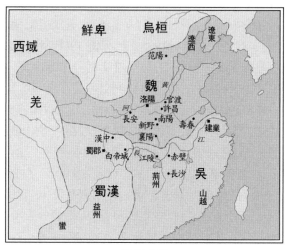

〈삼국시대〉

055

동진東晉과 남조南朝

"동진東晉을 이어 송宋나라, 제齊나라가 계속되었고,
다시 양梁나라 제陳나라가 이어받았으니,
이를 남조南朝라 하며 모두가 금릉金陵에 도읍을 두었다."

宋齊繼, 梁陳承, 송제계, 량진승,
爲南朝, 都金陵. 위남조, 도금릉.

【宋】 420~479년까지 존속하였던 남조의 조대 이름. 동진 말년 劉裕가 恭帝를
몰아내고 찬탈하여 세운 나라. 유유(宋 武帝)가 建康(金陵, 南京)에 그대로
도읍을 정함. 五代 이후 趙匡胤이 세운 宋(趙宋)나라와 구분하기 위하여
흔히 '劉宋', 혹은 '南朝宋'이라 부름. 마지막 임금 順帝(劉準) 때 권신 蕭道
成에게 찬탈당하였으며 4세 8주, 60년간이었음.

【齊】 479~502년. 蕭道成(齊 高帝)이 宋을 찬탈하고 그 자리에 세운 나라로 국호
를 齊라 하였음. 역사적으로 '南齊'라고도 부름. 줄곧 骨肉相殘으로 혼란을
겪다가, 雍州刺史 蕭衍에게 찬탈당하고 말았으며 4세 7주, 24년간이었음.

【梁】 502~557년. 蕭衍(梁 武帝)이 제나라 和帝(蕭寶融)을 몰아내고 자립하여
국호를 梁이라 함. 무제는 48년간 재위하며 북위를 대파하는 등 국력을
신장시켰으나, 만년에 불교에 빠져 정사를 보지 않았으며, 侯景의 난을
겪으며 쇠약의 길을 걷기 시작함. 말왕 敬帝(蕭方智) 때에 이르러 陳霸先에게
찬탈당하고 말았음. 3세 4주, 56년간이었음.

【陳】 557~589년. 陳霸先(陳 武帝)이 경제를
몰아내고 국호를 자신의 성을 따서 陳이라
함. 말왕 陳叔寶에 이르러 隋나라 문제에게
멸망하여 남조의 마지막을 마감함. 3세 5주,
33년간 존속하였음.

【南朝】 420~589년. 동진이 멸망한 뒤 남방에
차례로 조대를 이었던 송·제·량·진 4조대,
170년간을 말함. 모두가 같은 건강(남경)에
도읍을 정하였으며, 북쪽 이민족이 세웠던
조대와 대칭되어 '남조'라 부름. 여기에
삼국시대 오나라 역시 이곳을 수도로 하였
으며 동진이 이곳으로 천도하여 같은 곳을
도읍으로 하여 흔히 '六朝'라고도 함.

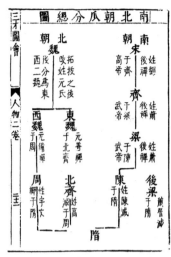

〈남북조분합도〉《三才圖會》

【金陵】 지금의 南京. 建業, 建康이라고도 불렀으며 전국시대 楚나라가 金陵郡
을 설치하였던 곳이며, 진시황 때는 秣陵이라 불렸음. 삼국시대 吳나라가
이곳에 천도하여 건업이라 불렀으며, 동진이 옮겨온 뒤 愍帝(司馬鄴)의
이름을 피휘하여 '建康'이라 고쳐 불렀음.

王相 〈訓詁〉

此言南朝之史也, 凡四朝. 一曰宋. 高祖劉裕, 彭城人, 受晉禪, 傳子少帝, 文帝,
文子孝武, 武子廢帝, 武弟明帝, 明子蒼梧, 順帝, 凡八世六十年.

○二曰齊. 蕭氏, 太祖道成, 蘭陵人, 受宋禪, 傳子武帝, 孫二少帝, 姪明帝,
明子東昏, 和帝, 七世二十三年.

○三曰梁. 蕭氏, 武帝蕭衍, 齊之族, 受齊禪, 傳子簡文, 元帝, 元子敬帝, 四世
五十六年.

○四曰陳. 陳氏, 武帝霸先, 長興人, 受梁禪, 傳兄子文帝, 文子廢帝, 文弟宣帝,
宣子后主, 五世三十三年. 以上四朝, 俱都金陵, 《南史》之外, 各有國史, 四朝
連吳與東晉, 又號六朝.

056
북조北朝

"북쪽은 원씨(元氏, 拓跋氏)의 북위北魏가 들어섰다가
동위東魏와 서위西魏로 분열되었고,
우문씨宇文氏의 북주北周와 고씨高氏의 북제北齊가 있었다."

北元魏, 分東西, 북원위, 분동서,

宇文周, 與高齊. 우문주, 여고제.

【北元魏】북쪽의 北魏를 가리킴. 386년~534년. 북조의 하나로 東漢 말 탁발씨
(拓跋氏)가 흉노의 옛 땅을 점거하고, 晉 武帝 太元 11년(386) 拓跋珪가 자립
하여 代王을 칭하였다가, 뒤에 황제를 칭하고 국호를 魏라 하였음. 역사적
으로 이를 北魏, 혹은 後魏, 拓跋魏라고도 함. 처음 평성에 도읍을 정하였
다가 孝文帝(拓跋宏)에 이르러 낙양으로 천도한 다음 적극 漢化를 추진하여
자신들의 성씨인 拓跋氏를 버리고 漢族식으로 元氏 성을 취하여 '元魏'라
고도 함. 12주 149년간 존속되었으며 뒤에 東魏와 西魏로 분리됨.
【東西】東魏(534~550)와 西魏(535~557). 북위의 孝武帝(532~534) 때 권신 高歡
이 횡포를 부리자 효무제는 나라를 버리고 서쪽 關中(長安, 西安)으로 도망
하여 그곳을 진수하고 있던 鮮卑族 宇文泰에게 의탁하여 그곳(長安)을 도읍
으로 정함. 이를 '西魏'라 함. 그 뒤 서위는 恭帝 때에 이르러 우문태의 셋째
아들 宇文覺에게 나라를 잃고 말았으며, 서위는 결국 3주 23년 만에 망함.

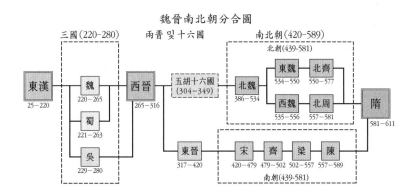

魏晉南北朝分合圖

우문각은 서위의 뒤를 이어 국호를 周(北周)라 하였음. 한편 '東魏'는 북위 때 효무제가 서쪽으로 달아나자, 고환이 孝靜帝(拓跋善見. 534~550)를 세워 鄴(지금의 河南 臨漳)으로 천도하였으며 이 시기를 동위라 함. 뒤에 고환의 둘째 아들 高洋이 찬탈하여 齊(北齊)를 세움. 동위는 17년간 존속하였음.

【宇文周】宇文覺이 서위를 찬탈하고 세운 周(北周). 557~581년. 우문 태의 셋째 아들로 자는 陀羅尼이며 西魏 때 아버지를 이어 太師, 大冢宰를 거쳐 周公에 봉해져 자신이 찬탈한 뒤 국호를 '周'라 하였던 것임. 역사적 으로는 이를 '北周' 혹은 '宇文周'라 함. 뒤에 그는 宇文護에게 시살당하였 으며 시호는 孝閔. 이 후주는 명제(우문육), 무제(우문옹), 선제(우문빈), 정제 (우문천)에 이르러 수나라에게 망하고 말았음. 581년.

【高齊】高洋이 세운 齊(北齊). 550~577년. 고양(宣文帝)은 고환의 둘째 아들로 동위 때 대대로 제왕에 봉해졌으며 뒤에 孝靜帝를 폐위하고 자립하여 국호 를 齊나라로 하였으며 이를 북제, 혹은 고제라 불러 남조 소도성이 세웠던 齊나라와 구분함. 말년에 황음무도하였음. 시호는 文宣. 550~559 재위. 이 北齊는 廢帝(高殷)·孝昭帝(高演)·武成帝(高湛)·後主(高緯, 溫公)를 거쳐 幼主(高恒) 때 北周에게 망함. 577년. 한편 이에 앞서 북쪽은 이미 西晉 말기 다섯 이민족이 대거 밀고 들어와 혼란이 시작되어 결국 진나라가 남쪽으로 옮겨가 東晉이 되었으며, 그 와중에 16개 나라가 명멸하여 흔히 五胡十六國 시대라 하였음. 즉 匈奴(前趙, 北凉, 夏), 鮮卑(前燕, 後燕, 西秦, 南凉, 南燕), 羯(後趙), 氐(成, 前秦, 後凉), 羌(後秦)이었으며 漢族 역시 前凉, 西凉, 北燕을 세워 모두 16개 나라가 혼전을 이루었음.

《北史》三朝: 一曰魏. 姓拓拔氏, 起於朔漠, 始聖武帝詰汾, 神元帝力微, 世爲君長, 臣服中國. 至拓拔猗廬入討內叛, 始有中國, 自稱代王, 傳弟子鬱律, 律子什翼犍, 犍子珪, 以孝武時稱魏帝, 都平陽, 是爲道武帝. 子明元, 元子大武, 武孫高宗, 高子獻文, 獻子孝文, 始改姓爲元氏. 傳子宣武, 武子孝明, 孝文孫孝莊, 節閔, 孝武. 孝武爲其相高歡所逼, 奔於長安, 是爲西魏. 傳從弟文帝, 文子廢帝, 恭帝而禪於周.

○東魏靜帝善見, 孝文之孫, 高歡所立, 都於鄴, 分魏爲二, 立十二年而禪於齊自道武至恭帝, 凡十六主, 百七十年. 恭帝上至聖武, 三百三十餘年.

○二曰齊, 高氏, 始高歡立靜帝, 世執其政, 至者洋而受禪, 是爲齊文宣帝, 傳子廢帝, 弟孝昭, 武成, 成子後主, 五世二十八年, 滅於周.

○三曰周, 宇文氏, 宇文泰, 擁魏孝武帝於長安, 世執其政. 其子孝閔帝覺, 受魏禪, 改號周, 傳弟孝明, 孝武, 武子孝宣, 宣子孝靜, 五世二十五年, 禪於隋

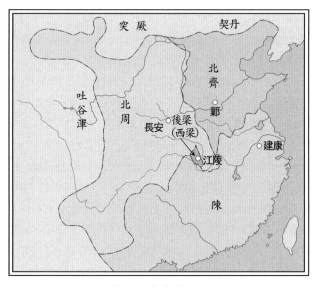

〈남북조 후기 형세도〉

057
수隋나라

"수隋나라에 이르러 비로소 마감되어 천하가 통일되었으나,
수나라는 아들에게도 제대로 물려주지 못한 채
천하의 통치권을 잃고 말았다."

迨至隋, 一土宇, 태지수, 일토우,
不再傳, 失統緒. 불재전, 실통서.

【隋】 581~618년. 北周는 불제를 멸망하고 일시
적으로 북방을 통일하였으며, 그 당시 楊堅
(隋 文帝)은 漢族으로써 재상이며 宣帝의 장인
으로써 隨國公에 봉해졌었음. 그는 어린 외
손자 宣帝를 폐위하고 자립하여 581년 나라
이름을 수(隋, 원래 隨자는 '辵, 辶'자가 들어가
안정된 의미가 없어 이에 '辶'을 제외하고 새 글자
'隋'를 만들어 국호를 삼았음)라 하고 뒤이어
남조 陳을 최후로 멸하고 천하통일을 이룩함.

〈隋煬帝像〉

도읍을 大興(長安)으로 정함. 문제는 원래 楊勇을 태자로 삼았으나, 둘째
아들 楊廣(隋 煬帝)이 야심을 품고 아버지와 형을 죽이고 제위에 오름. 양제
는 남방 순시로 江都(지금의 揚州)에 이르렀을 때 신하 宇文化及에게 시살
되었으며, 李淵(唐 高祖)에 의해 恭帝(楊侑)를 거쳐 越王(楊侗)에 이르러 4세

4주 37년 만에 완전히 망하고 말았음. 한편 수나라는 운하를 건설하여 남북통일의 원활한 통합을 꾀한 면은 역사적으로 좋은 평가를 받고 있으나, 고구려 정벌 실패 등으로 기초를 다지지 못한 채 천하 혼란을 조성하여 국운이 길지 않았음.

【一土字】 천하를 통일함.

【不再傳】 수 문제가 겨우 양제에게 넘어갔을 뿐이며, 뒤의 공제나 월왕은 실제 제왕의 역할을 하지 못한 것으로 평가한 것임.

【統緖】 나라의 왕통과 왕업.

王相 〈訓詁〉

四曰隋, 楊氏. 高祖楊堅, 相周受禪, 國號曰隋, 南平陳國, 而一天下. 傳子煬帝, 荒淫無度, 天下大亂, 不再傳, 而李氏立恭帝, 隋亡矣. 右隋三世三十七年, 以上四朝, 謂之《北史》, 魏, 齊, 周, 隋, 亦各有史書.

058

당唐나라

"당唐나라 고조高祖 이연李淵이 의군義軍을 일으켜,
수나라 때의 혼란을 제거하고 나라의 기틀을 창건하였다."

唐高祖, 起義師, 당고조, 기의사,

除隋亂, 創國基. 제수란, 창국기.

【唐高祖】李淵(566~635). 아들 李世民(태종)과 더불어 수말 천하 혼란을 바로
잡아 唐帝國(618~907)을 세움. 이연은 자가 叔德이며 隴西 成紀(지금의 甘肅
天水) 사람으로 수나라 때 唐國公에 봉해져
太原留守였다가 수말 천하가 혼란에 휩싸여
李密, 蕭銑, 王世充, 竇建德, 薛擧, 李軌 등이
다투어 봉기하자, 이연은 아들 李建成과 李世
民 등의 부추김에 거사하여 晉陽을 공격, 성
공을 거두자 長安으로 들어가 당시 代王이었던
楊侑(恭帝)를 세웠다가 양제가 죽었다는 소식
을 듣고 선양을 강요하여 제위에 올라 국호를
唐, 연호를 武德(618~626)이라 하였음. 突厥과
西域을 정복하고 9년에 아들 이세민이 '玄武門
政變'을 일으켜 태자 李建成을 죽이자 자리에
물러나 太上皇이 되었다가 貞觀 9년(635)에 죽음.

〈당태종(李世民)〉《三才圖會》

【義師】당 고조가 일으켰던 봉기군을 스스로 '정의를 위한 군대'라는 뜻으로 '義師'라 불렀음.

繼隋者, 唐也, 是爲《唐書》. 唐高祖姓李氏, 名淵, 隴西人, 仕隋爲太原守, 威望素著, 隋帝忌之. 帝東巡不反, 關中大亂, 詔高祖盡討羣賊. 高祖懼, 乃因子太宗之計, 倡義起兵入關, 立煬帝孫恭帝, 號召天下. 未幾, 遂創業而移隋祚矣.

〈당대세계도〉와 〈당고조(李淵)〉《三才圖會》

059

당나라의 멸망

"당나라는 20황제에 이어 3백 년을 이어오다가,
후량後梁이 이를 멸하니 나라가 바뀌고 말았다."

二十傳, 三百載, 이십전, 삼백재,

梁滅之, 國乃改. 량멸지, 국내개.

【二十傳】당나라는 모두 20명의 제왕이 14世 290년간을 이어갔음. 그러나 중간에 則天武后의 통치기간이 있었음.
【梁】五代의 하나로 後梁을 가리킴. 907~923년까지 모두 2世 2主, 17년간 이었음. 당나라 말기 牛僧孺와 李德裕의 당쟁과 藩鎭의 할거로 조정이 어지러워지자, 昭宗 때 朱全忠(溫, 太祖)이 소종을 죽이고 哀帝를 옹립하였다가 얼마 뒤 애제를 핍박, 제위를 선양받아 나라를 세운 다음 국호를 梁(後梁), 도읍을 汴(지금의 河南 開封)에 정함. 그러나 주전충이 죽고 아들들이 제위를 다투다가 결국 後唐의 이존욱(李存勖)에게 망하고 말았음.

王相〈訓詁〉

　唐有天下, 高祖開基, 皆由其子太宗戡定禍亂, 削平僭僞之功也. 太宗子高宗, 高子中宗, 爲母武氏所廢. 武氏稱制二十年, 然後復位. 中弟睿宗, 睿子明皇,寵楊妃而亂國. 安祿山犯京師, 帝遷西蜀, 幾亡天下. 明子肅宗, 肅子代宗, 代子德宗, 德子順宗, 順子憲宗, 憲子穆宗, 穆子敬宗, 文宗, 武宗, 穆弟宣宗, 宣子懿宗, 懿子僖宗, 昭宗, 昭子昭宣(哀宗), 凡傳國二十世, 歷年二百八十九, 而滅於梁, 唐之國祚, 遂改移爲梁矣.

060

오대십국五代十國

"후량後梁, 후당後唐, 후진後晉, 후한後漢, 후주後周,
이를 오대五代라 칭하며 각기 흥망의 원인이 있었다."

梁唐晉, 及漢周, 량당진, 급한주,

稱五代, 皆有由. 칭오대, 개유유.

【唐】後唐. 923~936년. 오대의 하나로 이존욱(李存勗, 莊宗)이 후량을 멸하고
洛陽을 도읍으로 국호를 당(후당)이라 하였음. 오대 중에 가장 영토가 넓었
으나 李嗣源(明宗)에게 물려준 다음 廢帝(李從珂)에 이르러 진(후진)의 石敬瑭
에게 망함. 2世 4主 14년을 이어감.

【晉】後晉. 936~946년. 역시 오대의 하나로 석경당이 거란(契丹)과 결탁하여
당(후당)을 멸하고 세운 나라. 국호를 晉이라 하였으며 汴을 도읍으로 함.
그러나 석경당은 거란에 의해 제압을 받아 燕雲 16주를 할양하였으며 그
조카 出帝(石重貴)가 거란에 항거하다가 거란에 의해 망하고 말았음. 2세
2주 11년.

【五代】오대는 907~960년까지 불과 54년 동안 梁(後梁), 唐(後唐), 晉(後晉),
漢(後漢), 周(後周)의 다섯 나라가 명멸했던 시대로, 국호가 이미 역사에
있던 이름이기 때문에 모두 '後'자를 붙여 부르고 있음. 한편 이 시기를 흔히
'五代十國'으로 부르며 북방 洛陽과 開封 중심의 오대가 명멸하는 동안
그 외의 남방과 서방 등 각 지역에 열 개의 나라들이 흥망을 거듭하였음.

즉, 吳, 前蜀, 吳越, 楚, 閩, 南漢, 荊南, 後蜀, 南唐, 北漢으로 이들을 '十國'
이라 부름.

※ 오대십국흥망표

구분	나라	개국자	도읍	연대	연수	멸망
五代	梁(後梁)	朱溫(朱全忠)	汴(開封)	907~923	17년	後唐에게
	唐(後唐)	李存勗	洛陽	923~936	14년	後晉에게
	晉(後晉)	石敬瑭	汴	936~946	11년	契丹에게
	漢(後漢)	劉知遠	汴	947~950	4년	後周에게
	周(後周)	郭威	汴	951~960	10년	北宋에게
十國	吳	楊行密	揚州	902~937	36년	南唐에게
	南唐	李昇(徐知誥)	金陵(南京)	937~975	39년	北宋에게
	吳越	錢鏐	杭州	907~978	72년	北宋에게
	楚	馬殷	長沙	907~951	45년	南唐에게
	閩	王審知	長樂(福州)	907~945	37년	南唐에게
	南漢	劉巖(劉龑)	廣州	917~971	55년	北宋에게
	前蜀	王建	成都	903~925	23년	後唐에게
	後蜀	孟知祥	成都	933~965	33년	北宋에게
	南平(荊南)	高季興	荊州(江陵)	924~963	40년	北宋에게
	北漢	劉崇	河東(太原)	951~979	29년	北宋에게

【漢】後漢. 947~950. 거란이 후진을 멸한 다음 중원에 들어왔다가 다시 북쪽
으로 되돌아가자, 河東節度使였던 劉知遠(高祖)이 晉陽(지금의 山西 晉源)
에서 기병하여 開封으로 들어와 황제를 칭하며 국호를 漢(後漢)이라 하였음.
그러나 아들 隱帝(李承祐)가 이어받자 즉시 郭威에게 나라를 찬탈당하고
말았음. 2세 2주 4년.

【周】후주. 951~960. 후한 은제가 피살되고 다시 거란이 침입해 오자, 鄴郡
留守였던 郭威(太祖)가 태후를 모시고 거란을 막으려 나섰다가 단주(澶州)에
이르렀을 때 兵變을 일으켜 제위에 오름. 국호를 周라 하고 汴(開封)을 도읍
으로 정함. 뒤에 養子 柴榮(世宗)에게 물려주어 정치가 안정되었으나 갑자기
죽어, 恭帝에게 물려주었으나 이때 趙匡胤(宋 太祖)이 陳橋驛에서 병변을
일으켜 나라를 내어주고 말았음. 3世 3主 10년.

繼唐者, 梁, 唐, 晉, 漢, 周, 是爲五代. 史官作《五代史》, 共爲一書. 一曰梁. 太祖朱溫, 是爲賊將, 歸唐爲節鎭, 遂簒唐, 都於汴. 貪淫天道, 爲子友珪所弑. 三子友貞, 殺珪自立. 凡二世十七年, 滅於後唐.

○二曰後唐. 莊宗李存勗, 本姓朱邪, 沙陀人, 先世有功於唐, 賜姓李氏, 封晉王. 朱氏簒唐, 與晉世仇, 滅後梁而有天下, 好遊戱而失國. 父之養子嗣源代位, 是爲明宗. 傳子愍帝, 養子王宗珂, 又奪其位. 凡四世十五年, 而滅於晉.

○三曰後晉. 高祖石敬塘(瑭), 明宗之壻, 借遼兵而滅唐. 傳子齊王, 爲契丹所滅, 凡二世十一年.

○四曰後漢. 高祖劉知遠, 逐遼而代晉, 傳子隱帝, 殺戮大臣, 兵變而亡, 二世凡三年.

○五曰後周. 太祖郭威, 仕漢鎭鄴, 兵變, 廢漢而代之. 傳養子世宗柴榮, 威定南北, 傳子恭帝, 禪於宋. 凡三世十年. 右五代共十三主, 五十三年. 附《十國紀年》: 五代三世, 各據一方. 吳王楊行密, 南唐李昇(昪), 蜀王建, 後蜀孟知祥, 閩王審知, 楚馬殺(殷), 吳越錢鏐, 南漢劉隱, 北漢劉崇, 荊南高季興. 凡十僭國. 至宋初, 南北漢, 唐, 蜀, 荊南, 吳越, 皆入於宋, 惟契丹與宋幷立.

〈오대 형세도〉

061

송宋나라

"화덕火德으로 일어난 송宋나라는
후주後周로부터 선양을 받아,
18황제에게 이어졌다가 뒤에 원元나라에 의해
남북 민족이 하나로 혼합되었다."

炎宋興, 受周禪, 염송흥, 수주선,
十八傳, 南北混. 십팔전, 남북혼.

趙匡胤(927~976)

【炎宋】송나라를 가리킴. 송나라는 五行의 火運을 타고 나 火德으로 天子의 지위에 올랐다고 여겨 '炎宋'이라 부른 것. 오대 후주의 말기 공제가 제위에 오르자 호위군의 수장 殿前都點檢 벼슬을 하던 조광윤이 거란 방어를 위해 군사를 이끌고 개봉 북쪽 陳橋驛에 이르자 갑자기 군사들이 黃袍를 입혀 제위에 오를 것을 종용하여 이에 떠밀려 나라를 일으키게 된 것임. 조광윤은 자신이 절도사로서 진영을 거느렸던 군사가 송주(宋州)의 귀덕군(歸德軍)이었으므로 국호를 송(宋)으로 하고 汴(開封)을 도읍으로 정하였음. 이가 宋(북송) 太祖(960~975 재위)임.

【周禪】주(후주) 恭帝에게 나라를 물려받음. 선양받은 것으로 미화한 것임.

【南北混】'북송과 남송을 거쳐 원나라에 의해 다시 통일되었다'의 뜻. 王相의 訓詁에 "元太祖, 姓奇渥溫氏, 名鐵木眞, 興自蒙古. 傳太宗, 滅金, 都於燕. 太宗子定宗, 太祖孫憲宗, 憲宗第世祖, 滅宋而南北混一"이라 하였다. 그러나 이 책의 출현 시기로 보아 원나라 이전에 쓰인 것이므로 실제 이 뜻이 정확한가에 대하여는 의문이 간다. 한편 송나라는 북송(960~1127)과 남송 (1127~1279)으로 나뉜다. 북송은 文弱에 흘렀으며, 북방의 거란족(遼)과 여진족(金)의 끝없는 괴롭힘에 고통을 당하였다. 아울러 국내에는 神宗 때 王安石의 변법 파동으로 新舊 黨爭의 극심한 혼란에 처하다가 결국 靖康之難(1126)에 徽宗과 欽宗이 여진의 금나라에 포로로 잡혀 가는 고통을 당하였다. 이로써 북송은 7세 9주 168년을 마감하고, 康王(趙構)이 강을 건너 臨安(지금의 浙江 杭州)으로 천도하여 제위에 올라 북방은 포기하고 말았다. 이것이 남송이다. 남송은 국력이 더욱 쇠약하였으며 남송 중엽에 세력을 크게 확장한 蒙古族(元)이 금을 멸하고(1234) 다시 1279년에 남송을 완전히 정복하여 멸망시키고 만다. 이리하여 남송은 7세 9주 153년 만에 막을 내리게 된다.

王相 〈訓詁〉

繼五代者, 宋也. 宋以火德王, 故稱炎宋. 太祖趙氏, 名匡胤, 受周禪而都於汴. 傳弟太宗, 太宗子眞宗, 眞子仁宗, 太宗曾孫英宗, 英子神宗, 神子哲宗, 徽宗, 徽子欽宗, 凡九帝. 金人克汴, 徽, 欽父子皆降於金.

〇南宋高宗, 徽宗子, 都杭州. 無子, 傳太祖八世孫孝宗, 孝子光宗, 孫寧宗, 無子, 傳太祖十一世孫理宗, 理子度宗, 度子恭帝, 端宗, 弟昺, 凡九世而亡於元. 兩宋十八世, 三百二十年.

〇北方之國, 前乎宋者有遼, 太祖耶律氏, 名阿保機, 傳太宗, 世宗, 穆宗, 景宗, 聖宗, 興宗, 道宗, 天祚, 滅於金. 德宗自立, 號西遼, 傳仁宗, 末主. 凡十二世, 百七十餘年, 滅於乃蠻.

〇後遼而王者金, 姓完顏氏. 太祖名旻, 滅遼而都於燕. 傳太宗, 熙宗, 廢帝, 世宗, 章宗, 衛王, 宣宗, 哀宗, 末主, 凡十世一百二十年, 滅於元.

〇元太祖, 姓奇渥溫氏, 名鐵木鎭, 興自蒙古. 傳太宗, 滅金, 都於燕. 太宗子定宗, 太祖孫憲宗, 憲弟世祖, 滅宋而南北混一. 傳孫成宗, 成姪武宗, 仁宗, 仁子英宗, 成姪泰定, 武子明宗, 文宗, 明子寧宗, 順帝, 凡十四世, 百六十五年, 而滅於明.

➤ **061-증보**(1)

　　요遼, 금金, 원元

"거란의 요遼나라와 여진의 금金나라도
　모두 황제를 칭하였다.
　몽고의 원元나라가 금나라를 멸하고 나서
　송나라의 왕통도 끊어 버렸다."

遼與金, 皆稱帝, 료여금, 개칭제,

元滅金, 絶宋世. 원멸금, 절송세.

【遼】916~1125. 북송 때 북방 거란족이 세운 왕조. 太祖 耶律阿保機로부터 天祚帝 耶律延禧까지 9황제를 이어갔으며 여진족의 金나라에게 망함.

【金】1115~1234. 북송 때 북방 여진족이 세운 왕조. 태조 完顔阿骨打로부터
末帝 完顔承麟까지 10황제를 이어갔으며, 송나라를 몰아 남으로 천도하도록
하였음. 뒤에 몽고족의 元나라에게 망함.

【元】1206~1368. 몽고족 太祖 테무진(鐵木眞) 칭기즈칸(成吉思汗)으로부터
天順帝 阿速吉八까지 11황제를 이어갔으며, 뒤에 朱元璋의 明나라에게 망함.

【絶宋世】송나라는 북방 요와 금에 시달려 남방 臨安(杭州)으로 내려가 남송
을 세워 명맥을 이어갔으나, 1279년 帝昺이 마지막으로 원나라 병사들에게
바닷가 厓山까지 쫓겨가 망하고 말았음.

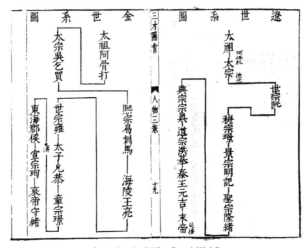

〈遼, 金 世系圖〉《三才圖會》

〈蒙古騎兵作戰圖〉

〈칭기즈칸(鐵木眞)〉

원 태조 칭기즈칸 능묘. 내몽고

➤ 061-증보(2)
원元나라

"원나라는 판도가 가장 넓어
옛날 그 어떤 시대도 이를 넘지 못하였다.
90년을 이어 나라의 운명이 끝나고 말았다."

輿圖廣, 超前代, 여도광, 초전대,

九十年, 國祚廢. 구십년, 국조폐.

【輿圖廣】 원나라의 판도가 아주 넓어 유라시아 대륙을 모두 석권하였음을 말함. 그러나 燕山出版社本의 民國通俗本의 원문에는 "莅中國, 兼戎狄"으로 되어 있다.

【九十年】 원나라는 세조 쿠빌라이칸이 정식으로 원제국을 선포하고 大都 (지금의 北京)을 도읍으로 한 이래 멸망까지 90여 년이었음을 말함.

〈원 태종(오고타이) 대북고궁박물원 소장

〈원 세조(쿠빌라이칸)〉《三才圖會》

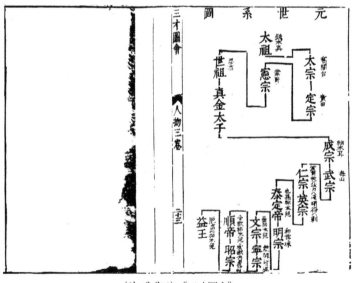

〈원 세계도〉《三才圖會》

명明나라

"명明나라 태조 주원장朱元璋이 일어나
나라를 대명大明이라 하고,
연호를 홍무洪武라 하였으며
금릉金陵을 도읍으로 정하였다."

太祖興, 國大明, 태조흥, 국대명,
號洪武, 都金陵. 호홍무, 도금릉.

〈명 태조(주원장)〉《三才圖會》

【太祖】명 태조 朱元璋. 자는 國瑞. 처음 皇
覺寺에 기식하다가 元末 환란을 타고 천하를
평정함. 金陵(南京)을 도읍으로 하여 국호를
'明'(1368~1644)이라 함. 평민의 한족이 나라를
다시 세운 것으로 널리 알려져 있음.
【洪武】명 태조 주원장의 연호. 1368~1398년
까지 31년간임.
【金陵】지금의 南京. 建業, 建康이라고도 불렀
으며 전국시대 楚나라가 金陵郡을 설치하
였던 곳이며 진시황 때는 秣陵이라 불렀음.
삼국시대 吳나라가 이곳에 천도하여 건업

이라 불렸으며 동진이 옮겨온 뒤 愍帝(司馬鄴)의 이름을 피휘하여 '建康'
이라 고쳐 불렀음.

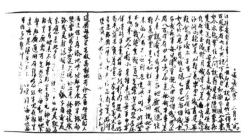

朱元璋이 徐達에게 준 편지

〈명 태조 주원장〉 대북고궁박물원 소장

▶ 061-증보(4)

명明 성조成祖

"성조成祖 때 이르러 연경燕京으로 도읍을 옮기고,
16세대를 흘러 숭정崇禎 때 나라가 끝나고 말았다.

迨成祖, 遷燕京, 태성조, 천연경,

十六世(十七世), 至崇禎.

십륙세(십칠세), 지숭정.

【成祖】 명 태조 주원장의 넷째 아들로 이름은 朱棣. 홍무 3년에 燕王에 봉해져 봉지로 北平(지금의 北京)을 받아 많은 공을 세웠음. 주원장이 죽고 뒤를 이은 주원장의 장자 朱標의 아들 惠帝(朱允炆)가 2대 황제(성조의 조카)가 되어 藩邦을 줄이려 하자, 반기를 들고 정권을 탈취한 뒤 수도를 北京으로 옮김. 연호를 永樂으로 함.(1403~1424) 한편 주윤문은 나라를 잃고 도망하여 중이 되었다고도 하고 혹 해외로 멀리 도망하였다고도 하여, 성조가 이를 찾아 없애고자 鄭和에게 大船團을 꾸려 세계 각지를 순행하도록 한 사건이 널리 알려져 있음.

【燕京】 북경의 다른 말. 춘추전국시대 연나라 지역(薊)이며, 그 뒤 북경 지역을 燕으로 대신함. 성조가 처음 봉지로 받았던 곳이라 수도를 그곳으로 옮긴 것.

【十六世】 명나라는 태조 주원장으로부터 思宗(朱由檢)까지 모두 16황제였음. 그러나 일부 판본에는 '十七世'로 되어 있음. 이는 英宗이 1436~1499년

까지 제위에 있다가 다시 복귀하여 1457~1464년까지 제위에 있었던 것을 두 황제로 계산한 것으로 보임.

【崇禎】명의 마지막 황제 사종의 연호. 사종은 莊烈帝라고도 하며, 崇禎 (1628~1644)까지 17년이었으며 淸나라에게 망함. 朝鮮은 이에 滿洲族이 세운 정권을 인정하지 않아 그 뒤를 崇禎後 某年으로 쓰기도 하였음.

明 成祖 朱棣(明 太祖 朱元璋의 넷째 아들)

명나라의 멸망

"명나라는 환관들이 권력을 제멋대로 휘둘렀고
왜구들이 몰려들었으며,
결국 이자성李自成이 틈왕闖王이라 자칭하며
난을 일으켜 제왕의 권위를 불태워 멸망시키고 말았다."

(환관이 난을 일으킨 뒤 왜구로 인해 내홍內訌이 일어났으며 틈왕을
자칭한 이자성의 역모와 변란으로 명나라 제왕의 권위는 끝이 나고
말았다.)

權閹肆, 寇如林,　권엄사, 구여림,

李闖出, 神器焚.　리틈출, 신기분.

(閹亂後, 寇內訌　(엄란후, 구내홍,

闖逆變, 神器終).　틈역변, 신기종).

【權閹肆】내시(환관)가 권력을 제멋대로 휘두름. 명나라는 英宗(1436~1464) 때
王振, 憲宗(1465~1487) 때 汪直, 武宗(1506~1521) 때 劉瑾, 熹宗(1621~1627)
때의 魏忠賢 등 환관의 횡포로 큰 시달림을 받았었음.

【寇如林】世宗 嘉靖 연간(1522~1566)에 왜구들이 발호하여 연안을 수시로 침범, 戚繼光, 兪大猷 등이 스스로 군대를 조직하여 廣東과 福建 지역을 지켜내어야 할 정도였으며 아울러, 1592년(神宗 萬曆 20년) 壬辰倭亂을 치렀음을 말함.

【李闖出】명말 李自成의 난을 말함. 이자성은 張獻忠과 힘을 합해 자신을 틈왕(闖王)이라 하고 전국 각지 수십만을 규합한 다음, 西安에서 大順王을 칭하면서 연호를 大順이라 하고 北京을 공략, 결국 思宗이 목을 매고 자결함.

【神器】제왕의 권위. 왕권. 국권을 뜻함.

李自成이 지었던 陝北 米脂縣 고향의 行宮

청淸나라

"청淸나라 세조世祖가 하늘의 뜻에 응하여
사방을 바로잡아 커다란 안정을 이루었다.
강희康熙와 옹정雍正으로부터 건륭乾隆과 가경嘉慶을 거치면서
백성들이 편하고 부유하게 되었으니
이때의 치적은 자랑할 만하였다.
도광道光과 함풍咸豐 때에 이르러 변란이 일어나,
영국과 프랑스가 도시와 시골에서 소란을 피우기 시작하였다.
동치同治와 광서光緒 뒤에 마지막 황제 선통宣統은 나약하여,
드디어 9제왕 만에 만주족 청나라는 망하고 말았다."

清世祖, 膺景命,　청세조, 응경명,

靖四方, 克大定.　정사방, 극대정.

由康雍, 歷乾嘉,　유강옹, 력건가,

民安富, 治績誇.　민안부, 치적과.

道咸間, 變亂起,　도함간, 변란기,

始英法, 擾都鄙. 시영법, 요도비.

同光後, 宣統弱, 동광후, 선통약,

傳九帝, 滿淸歿. 전구제, 만청몰.

【淸世祖】 청나라 세조(1644~1661 재위) 아이신자오로 푸린(愛新覺羅 福臨). 청나라는 太祖 아이신자오로 누르하치(愛新覺羅 努爾哈齊)가 1599년 滿洲의 수령이 되어 建州衛都督을 맡았다가 뒤에 끝없는 정벌전을 벌여 瀋陽을

清 太祖 누르하치(1559~1626)

清 康熙황제

수도로 하고 국호를 後金이라 함. 그 뒤 누르하치의 여덟째 아들 太宗(1627~1643) 황타이지(愛新覺羅 皇太極)가 이어 朝鮮을 공략, 병자호란(1636)을 일으킨 다음 명나라 공세에 나섰음. 이어서 세조 푸린은 1644년 명나라 장수 吳三桂가 山海關을 지키다가 북경이 이자성의 군대에 함락되었고 자신의 애첩 陳圓圓이 이자성 반란군 장수 劉宗敏에게 끌려갔다는 소식을 듣고 관문을 열어 金軍을 불러들이자, 북경 正陽門으로 입성하여 제위에 올라 국호를 '大淸', 연호를 '順治'라 함. 燕山出版社本의 民國通俗本의 원문에는 "淸太祖"로 되어 있다. 태조는 누르하치이다.

【景命】 하늘이 내린 천명. 앞에 설명한 운세를 景命(천운)이라 본 것임.

【靖四方】 順治帝는 南明의 鄭成公을 臺灣으로 쫓아 보내었으며 뒤를 이은 제왕들은 몽고, 티베트, 신장위구르, 서남(귀주, 운남)는 등 사방을 정벌하고 위무하여 중국의 영토로 편입시킴.

【康雍】 康熙와 雍正. 강희는 3대 황제 聖祖(1662~1722) 아이신자오로 쉬안예(愛新覺羅 玄燁)의 연호이며, 옹정은 4대 世宗(1723~1735) 아이신자오로

인전(愛新覺羅 胤禎)의 연호. 크게 발전을 거듭
하여 성세를 이룬 시대로 평가받음.

清 乾隆황제

【乾嘉】乾隆과 嘉慶. 건륭은 5대 高宗(1736~1795)
아이신자오로 홍리(愛新覺羅 弘曆)의 연호이며,
가경은 6대 仁宗(1796~1820) 아이신자오로 용옌
(顒琰)의 연호였음.

【道咸】道光과 咸豊. 도광은 7대 宣宗(1821~
1850) 아이신자오로 민닝(旻寧)의 연호이며
함풍은 8대 文宗(1851~1861) 아이신자오로 이주
(奕詝)의 연호.

【英法】영국과 프랑스. 영국은 중국어 당시 표기가 英格蘭(Engaland의 역음)
이었으며 프랑스는 法蘭西(France의 역음)로써 첫 글자를 딴 것. 아편전쟁
(1840) 이후 약해진 중국을 1857년 영불 연합군이 廣州를 점령하자 굴욕적인
天津條約과 北京條約 등을 맺어 국권이 상실되었음을 말함.

【都鄙】도시와 시골. 鄙는 먼 시골을 뜻함.《周禮》天官에 "凡官府都鄙之
吏及執事者受財用焉"라 함.

【同光】同治와 光緖. 동치는 9대 穆宗(1862~1874) 아이신자오로 자이춘(載淳)의
연호이며, 광서는 10대 德宗(1875~1908) 아이신자오로 자아톈(載湉)의 연호.

【宣統】청나라 마지막 황제(1909~1911) 아이신자오로 푸이(溥儀)의 연호. 辛亥
革命으로 孫中山(孫文)의 民國政府가 들어서자 결국 나라가 끝을 맺었고,
푸이는 일본으로 망명하였다가, 1931년 일본이 세운 만주국 황제에 오르기도
하였으며, 다시 소련군에 포로가 되었다가 1950년 중화인민공화국에 넘겨져
全國政協委員(1964)을 지내기도 함. 1967년 61세를 일기로 죽음.

【傳九世】원래 청나라는 태종(皇太極)부터 푸이까지 11황제였으나 세조 푸린
(福臨)이 들어와 대청을 선포하고 푸이(溥儀) 이전까지 9대로 본 것임.

【滿淸】만주족이 세운 청나라라는 뜻. 民國 이후 한족이 아닌 만주족이 세웠
던 청나라를 낮추어 부르는 표현.

▶ 061-증보(7)

민국民國

"신해혁명辛亥革命이 일어나 전제군주제가 폐지되고,
입헌민주제가 되어 중화민국中華民國이 건립되었다."

革命興, 廢帝制, 혁명흥, 폐제제,

立憲法, 建民國. 립헌법, 건민국.

【革命】무술정변과 의화단 사건이 지난 뒤 1894년 손문을 필두로 전국 각처에 반만 사상이 끓어 결국 1911(辛亥)년 武昌의거가 폭발하고, 그 해 10월 9일 신해혁명을 성공시켜 푸이가 퇴위하고 이듬해(1912) 1월 1일 中華民國을 건국함.

【民國】중화민국. 1912년부터 '民國'을 연호로 사용하며 모택동의 공산군과 대립 끝에 1949년 대만으로 옮겨 지금껏 이어가고 있음.

大總統誓詞

傾覆滿洲專制政府鞏固中華民國圖謀
民生幸福此國民之公意文實遵之以忠
於國為眾服務至專制政府既倒國內無變
亂民國卓立於世界為列邦公認斯時文
當解臨時大總統之職謹以此誓於國民

中華民國元年元二 孫文 ■

중국의 국부 孫文(中山, 逸山)과 대총통 취임 서약문

▶ 061-증보(8)
《사기史記》부터 시작하라

"고금의 역사는 모두 이에 간단히 기록하였다.
치란이 모두 실려 있으니 흥망성쇠를 알 수 있을 것이다.
역사는 비록 번잡하나 읽을 때 차례를 지키면 된다.
첫째 《사기史記》를 읽고 두 번째 《한서漢書》이며,
세 번째 《후한서後漢書》, 네 번째 《삼국지三國志》 등의 순서이다.
경학으로써 이를 증명하고 《통감通鑑》을 참작하여
읽도록 하라."

古今史, 全在茲. 고금사, 전재자.

載治亂, 知興衰. 재치란, 지흥쇠.

史雖繁, 讀有次. 사수번, 독유차.

史記一, 漢書二, 사기일, 한서이,

後漢三, 國志四. 후한삼, 국지사.
兼證經, 參通鑑. 겸증경, 참통감.

【史記】漢나라 司馬遷(B.C.145?~B.C.86?)이 저술한 중국 최고의 通代史이며 紀傳體 사서의 효시이다. 상고시대 五帝부터 漢 武帝까지의 역사기록이다. 사마천은 李陵의 사건으로 宮刑을 받고 울분을 이 책 저술로 보낸 것으로 유명하다. 총 130권이며 12本紀, 10表, 8書, 30世家, 70列傳으로 이루어져 있다. 史書로서뿐 아니라 文學書로도 널리 읽히고 있으며, 南朝 宋나라 裴駰 (裴松之의 아들)이 〈集解〉를 달고 唐나라 때 司馬貞이 〈索隱〉을 붙였으며, 역시 당나라 玄宗 때 張守節이 〈正義〉를 지어 지금도 널리 이용되고 있다.

【漢書】《前漢書》라고도 하며 後漢 班固(23~92)가 저술한 前漢시대 高祖 劉邦 으로부터 王莽의 주살까지의 역사를 다룬 斷代史의 첫 사서. 아버지 班彪의 유지를 받아 이를 저술하였으나, 흉노 토벌의 실패로 옥사하자 그의 여동생 班昭에 의해 완성되었다. 당나라 顔師古가 주를 달았다. 총 120권이며 12帝紀, 8表, 10志, 70列傳으로 되어 있다.

【後漢書】남조 宋나라 범엽(398~445)이 저술한 후한시대 光武帝로부터 獻帝 까지의 역사를 기록한 것이다. 일부는 梁나라 劉昭가 보입하여 현재 총 120권이며 10帝紀, 80列傳, 8志로 되어 있다.

【三國志】晉나라 때 陳壽(233~297)가 편찬한 정사로 위나라를 정통으로 삼아 위·촉·오의 역사를 기록한 것이다. 모두 65권으로 되어 있으며 魏書(4紀, 26列傳), 蜀書(모두 열전으로 처리함), 吳書(역시 열전에 포함시킴)으로 나뉘어져 있으며 특히 남조 송나라 때 裴松之(372~451)가 풍부한 주를 달아 연구에 좋은 자료가 되고 있다.

【通鑑】《資治通鑑》을 말함. 송 司馬光(1019~1086)이 편찬한 것으로 총 294권 편년체로 되어 있음. 周(三家分晉)로부터 秦, 漢, 魏, 晉, 宋, 齊, 梁, 陳, 隋, 唐, 後梁, 後唐, 後晉, 後漢, 後周까지 무려 1236년간의 역사서이며 胡三省 이 주를 달았다. 이상 역사서에 대한 것 중 정사로 널리 이용되는 중국의 기전체 〈二十五史〉는 앞서 제시한 (1)《史記》(2)《漢書》(3)《後漢書》(4)《三國 志》를 이어 (5)《晉書》(6)《宋書》(7)《南齊書》(8)《梁書》(9)《陳書》(10)《(後)

魏書》⑾《北齊書》⑿《周書》⒀《南史》⒁《北史》⒂《隋書》⒃《舊唐書》
⒄《新唐書》⒅《舊五代史》⒆《新五代史》⒇《宋史》㉑《遼史》㉒《金史》
㉓《元史》㉔《新元史》㉕《明史》가 있다. 이에 대한 것을 표로 간단히 제시
하면 다음과 같다.

〈중국 정사가 다루고 있는 시대〉

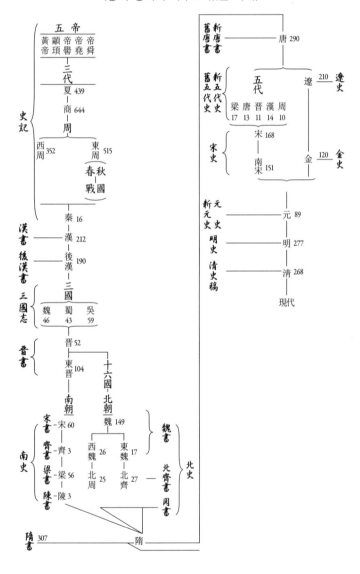

▶ 061-증보(9)

공화제共和制

"청나라 순치제順治帝는 신경神京을 거점으로 하고 있었으나
제10대 임금 선통제宣統帝에 이르러
제위를 물려주고 말았으니
총통을 선거하여 공화제共和制를 이루었다.
한족漢族이 영토를 회복하여 민국 정부가 들어선 것이다."

清順治, 據神京, 청순치, 거신경

至十傳, 宣統遜, 지십전, 선통손,

擧總統, 共和成. 거총통, 공화성.

復漢土, 民國興. 부한토, 민국흥.

【神京】신이 내려준 도읍. 북경을 말하는 듯함.

【共和】원래 군주가 없이 대신들이 서로 함께 화합하여 나라를 이끌어 감을
말함. 원래 西周 말기 厲王이 도망하여 기(紀)를 삼을 수 없어 귀족 대신들이
주정공(周定公)과 소목공(召穆公)을 함께 세워 천자의 권한을 대신하도록
하였으며 이를 '공화(共和)'라 하였음.《史記》齊太公世家에 "獻公卒, 子武公
壽立. 武公九年, 周厲王出奔, 居彘. 十年, 王室亂, 大臣行政, 號曰「共和」"라
하였으며, 晉世家에도 "周厲王迷惑暴虐, 國人作亂, 厲王出奔于彘, 大臣行政,
故曰「共和」"라 함.

062
십칠사十七史

"이상 17개의 역사는 모두 여기에 실려 있다.
치란이 모두 실려 있으니 흥망성쇠를 알 수 있을 것이다."

괄호 안은 앞장의 말미를 볼 것.

十七史, 全在茲.　십칠사, 전재자.

載治亂, 知興衰.　재치란, 지흥쇠.

(古今史, 全在茲.　(고금사, 전재자.

載治亂, 知興衰.)　재치란, 지흥쇠).

【十七史】송나라 이전까지의 정사를 말함.《삼자경》이 처음 쓰인 송나라 이전의 역사 정사를 말함. ①《史記》②《漢書》③《後漢書》④《三國志》⑤《晉書》⑥《宋書》⑦《南齊書》⑧《梁書》⑨《晉書》⑩《魏書》⑪《北齊書》⑫《周書》⑬《隋書》⑭《南史》⑮《北史》⑯《唐書》⑰《五代史》등. 그러나 이는 史書를 뜻하는 것이 아니라, 17개의 조대나 시대를 뜻하는 것이라 보기도 함. 이 경우 ①삼황 ②이제 ③하 ④은(상) ⑤주 ⑥춘추전국 ⑦진 ⑧서한 ⑨동한 ⑩삼국 ⑪진 남조 ⑫북조 ⑬수 ⑭당 ⑮오대 송을 가리키는 것이 됨.

十七史, 當時正史之類也. 一曰《史記》, 三皇五帝, 三王, 秦, 楚以至漢武帝
之史, 漢司馬遷著. 二曰《前漢書》, 漢班固著. 三曰《後漢書》, 劉宋范蔚宗著.
四曰《三國志》, 晉陳壽著. 五曰《晉書》, 唐太宗著. 六曰《宋書》, 梁沈約著. 七曰
《齊書》, 梁蕭子顯著. 八曰《梁書》, 九曰《陳書》, 俱唐姚思廉著. 十曰《北魏書》,
北齊魏收著. 十一《北齊書》, 唐李百藥著. 十二《北周書》, 唐令狐德棻著. 十三
《隋書》, 唐魏徵著. 十四宋, 齊, 梁, 陳《南史》, 十五魏, 齊, 周, 隋《北史》, 俱唐
李延壽著. 十六《唐書》, 宋宋祁, 歐陽修著. 十七《五代史》, 歐陽修著. 作者言
十七史之大略, 全在於茲也. 繼此又有《宋史》, 《遼史》, 《金史》, 俱元脫脫, 歐陽
元, 揭傒斯著. 又有《元史》, 乃明宋濂等著, 共稱二十一史.

史者, 經國之大典. 所載者, 朝廷治亂之由, 國祚興衰之理. 得其道則治, 失其
道則亂, 千古如一轍也.

〈二十五史〉

이름	1 史記	2 漢書	3 後漢書	4 三國志	5 宋書	6 南齊書	7 梁書	8 陳書	9 後魏書	10 北齊書	11 周書	12 南史	13 北史	14 隋書	15 舊唐書	16 新唐書	17 新五代史	18 宋史	19 遼史	20 金史	21 元史	22 新元史	23 明史
本紀	12																					26	
世家	30																	10	6				
表	10	8																32	8	4	6	7	13
書	8																						
列傳	70																						
紀(본기)		12	10	4	10	10	8	6	6	12	8	8	5	10	12	20	10	61	12	47	30	19	47	24
傳(열전)		70	80	61	70	60	40	50	30	92	42	42	50	70	88	150	150	77	45	249	46	73	97	151	220
載記(세가)				30																				
年(보표)																			1					
志(서)			10		20	30	11			10			30			30	50	12		162	31	39	53	70	75
考(서)																			3					
錄																			3					
권수	130	100	90	65	130	100	59	56	36	114	50	50	85	80	100	200	225	150	74	496	115	135	203	227	332
편찬자	司馬遷	班固	范曄	陳壽	沈約	蕭子顯	姚思廉	姚思廉	魏收	李百藥	令狐德棻	李延壽	李延壽	魏徵(등)	劉昫	歐陽修	薛居正(등)	歐陽修	托克托	托克托(등)	托克托(등)	宋濂(등)	柯劭忞	張廷玉
편찬시기	漢	後漢	南朝梁	晉	唐	梁	梁	唐	唐	北齊	唐	唐	唐	後晉	宋	宋	元	元	元	明	民國	清
경위	私撰	私撰	私撰	私撰	官撰	勅撰	私撰	勅撰	勅撰	勅撰	勅撰	私撰	私撰	官撰	官撰 官私	官撰	私撰	官撰	官撰	官撰	官撰	私撰	官撰
비고		①							②											③	④				⑤

*   ①《後漢書》今本은 帝后紀 12, 世傳 88, 志 30 등 모두 130卷.
    ②《魏書》今本은 帝紀 14, 志 20, 列傳 96의 130券.
    ③《遼書》國語解一卷이 더 있어 116卷으로도 함.
    ④《金史》끝에 金國語解一卷을 淸 乾隆 때 補入 함.
    ⑤《明史》目錄 4卷이 들어 있음.

063
고금에 통달하라

"역사를 읽는 자는 실제 기록을 자세히 살펴,
고금에 통달하여 마치 눈앞에 직접 보듯이 하여야 한다."

讀史者, 考實錄. 독사자, 고실록.
通古今, 若親目. 통고금, 약친목.

【通古今】고금에 통달함. 司馬遷의 〈報任少卿書〉(《漢書》司馬遷傳)에 "亦欲
以究天人之際, 通古今之變, 成一家之言"이라 함.

王相 〈訓詁〉

言凡讀史, 須要細心考較, 君臣紀傳之實錄, 稗官小說, 眞僞不同, 賢奸治亂,
彰明較著. 通達古今, 如親眼所見, 則微辭奧義可得而明, 彼短此長可得而評也.

064
외우고 이해하라

"입으로 외우고 마음으로 이해하여
아침에도 이에 근거하고
저녁에도 여기에서 교훈을 얻어야 한다."

口而誦, 心而惟. 구이송, 심이유.

朝於斯, 夕於斯. 조어사, 석어사.

【心而惟】 마음으로 터득하고 사유함. 생각함. '惟'는 '思'의 뜻.

王相 〈訓詁〉

此以下通言讀書之法. 惟, 思也. 凡讀經史子集諸書, 要心口相應. 口誦而心
不惟, 則扞格而不入; 心惟而口不誦, 則神志不專. 朝或如斯, 而夕或不然, 則所
學有時而廢, 所得有時而亡, 非時習之道也.

065

공자의 스승 항탁項橐

"옛날 공자는 항탁項橐을 스승으로 삼아 배웠으니,
옛 성현들도 오히려 부지런히 배우는 것을
높이 여겼느니라."

昔仲尼, 師項橐, 석중니, 사항탁,
古聖賢, 尙勤學. 고성현, 상근학.

【仲尼】 공자(B.C.551~B.C.479). 춘추시대 노
나라 추읍 사람으로 이름은 丘, 자는 중
니. 老子에게 禮를 묻고 師襄子에게 거문고
를 배웠다 함. 六經을 정리하고 《春秋》를
지었으며 제자 3천 명에 학문을 터득한
자가 72명이었다 함. 至聖先師로 높이 추앙
받는 성인.

〈孔子〉와 가계도 《三才圖會》

【項橐】 7살에 공자를 가르쳤다는 고사를 가지고 있는 신동. 《戰國策》 秦策(5)
에 "項橐生七歲而爲孔子師"라 하였으며, 《淮南子》 高誘 註에 "項託七歲, 窮難
孔子, 而爲之師, 小兒聞之, 咸自矜大, 是其證也"라 함. 그 외 《史記》 樗里子
甘茂列傳에도 같은 내용이 실려 있음.

此以下雜引古人, 以勸勉小子之讀書勤學也. 仲尼, 孔子之字. 孔子之母禱於
尼山, 而生孔子, 故孔子字仲尼. 項橐, 魯之聖童也, 七歲以爲孔子師. 言聖人生知,
尚且辛勤好學, 師倣賢聖之童以自勵, 況乎今之小子, 可不勉歟!

066
조보趙普와《논어》

"송나라 재상 조보趙普는《노론魯論》을 읽었으며,
그는 이윽고 벼슬자리에 나가서도
배우고 또 부지런함을 다하였다."

趙中令, 讀魯論, 조중령, 독로론,
彼旣仕, 學且勤. 피기사, 학차근.

【趙中令】趙普(922~992). 자는 則平. 관직이 樞密使, 中書令 등을 지내어 '趙中令'이라 칭한 것. 북송초기의 재상. 趙匡胤을 도와 북송을 세웠으며 두 차례의 재상을 지냄. 魏國公에 봉해졌으며 시호는 忠獻.《宋史》(256)에 전이 있으며 어릴 때 제대로 학문을 익히지 못하여 재상이 되어 태조 조광윤이 힘써 공부할 것을 일러주자, 재상으로서 큰 일을 결정할 때면 방에 들어가 책을 보고 나와 국사를 처리하였음. 죽은 뒤 가족이 들어가 보았더니 오직《논어》밖에 없었다는 일화를 남김. 유명한 "논어 반만으로 천하를 다스렸다"(半部論語治天下)라는 말을 남기기도 하였음.

〈趙普(則平)〉《三才圖會》

【魯論】원래 漢나라 때까지 《論語》는 《魯論》, 《齊論》, 《古論》 3종이 있었
으며, 그 중 《노론》(노나라 지역, 지금의 曲阜에서 통행되던 것)과 《제론》(제
나라 지역, 지금의 산동지역에서 통행되던 것)은 今文本(당시 통행문자인 隷書로
베껴 쓴 것)이며 《고론》은 古文本(六國시대의 문자인 篆書로 쓰인 것. 漢나라
景帝 때 공자 구택 벽에서 발견된 것)이었음. 한편 《노론》은 20편이었으며
《제론》은 《노론》에 비하여 〈問王〉, 〈知道〉 등이 더 있어 모두 22편이었고,
《고론》은 〈堯曰〉편에서 〈子張問〉을 분리하여 모두 21편이었음. 지금 널리
읽히는 〈四書集註本〉은 20편 499장으로 되어 있음. 이 세 종의 《논어》는
각기 글자는 물론 편장, 字句 등이 조금씩 달라 뒤에 張禹, 鄭玄 및 魏나라
때 何晏 등이 정리하여 오늘날 전하는 《논어》가 되었음.

> 王相 〈訓詁〉

此言旣貴而好學也. 宋趙普相太祖, 太宗爲中書令, 故曰中令. 嘗曰:「吾以半部
《論語》相太祖, 以半部相今皇. 凡世治民安, 皆讀《論語》之功也.」彼旣仕且貴
爲宰相矣, 而勤學好讀, 尙且如此, 況未仕之小生, 可不勉歟!

067

옛 사람의 독서와 학습

"한나라 때 노온서路溫舒는 부들을 엮어 글을 써서 익혔고,
공손홍公孫弘은 대나무를 깎아 《춘추》를 베껴 공부하였다.
저들은 책이 없었지만
그래도 부지런함을 다해야 한다고 여겼던 것이다."

披蒲編, 削竹簡. 피포편, 삭죽간.
彼無書, 且知勉. 피무서, 차지면.

【披蒲編】漢나라 때 路溫舒의 일화. 노온서는 아버지가 마을 監門의 작은 벼슬을 하면서 온서에게 들에 양을 치러 보내자, 온서는 양을 치면서 시간을 아껴 부들(갈대와 비슷한 풀, 왕골)잎을 엮어 여기에 글을 적어 공부하였다 함. 《漢書》路溫舒傳에 "路溫舒字長君, 鉅鹿東里人也. 父爲里監門. 使溫舒牧羊, 溫舒取澤中蒲, 截以爲牒, 編用寫書. 稍習善, 求爲獄小吏, 因學律令, 轉爲獄史, 縣中疑事皆問焉. 太守行縣, 見而異之, 署決曹史. 又受春秋, 通大義, 擧孝廉, 爲山邑丞, 坐法免, 復爲郡吏"라 함. 《太平御覽》(611)에도 실려 있음.
【削竹簡】대나무를 깎아 簡片을 만들어 여기에 글을 써서 공부함. 漢나라 때 公孫弘이 나이 50에 대나무 숲에서 남의 돼지를 기르면서 깎은 대나무의 靑皮를 벗기고 거기에 《춘추》를 빌려 써서 외우기 편하도록 만들었다 함.

《三字經註解備要》의 舊注에 "又有公孫弘, 年五十矣, 爲人牧豕於寒竹林中, 將竹削去靑皮, 借人春秋抄寫, 以便誦讀"이라 함.

此言無書而好學也. 漢以先, 非世家無書, 非鈔錄傳寫則無書. 又無紙, 非絹帛皮幣簡冊不能鈔錄, 貧而無資者, 不能得書. 漢有路溫舒, 牧羊於大澤, 取蒲草編織成席, 借《尙書》鈔錄而讀之. 公孫弘年五十矣, 爲人牧豕於寒竹林中, 乃以刀削去竹靑, 借取《春秋》鈔錄而讀之. 二子由是名顯當時, 貴爲卿相. 夫二子貧賤而好學如此, 今之讀書者, 易求易辦, 輕便精良, 如此而不好學, 豈非自誤乎?

〈木簡〉(東漢) 1972 甘肅 居延 출토

068

현두자고懸頭刺股

"진晉나라 때 손경孫敬은 머리를 묶어
대들보에 매달고 공부하였으며,
전국시대 소진蘇秦은 졸음을 쫓기 위해
송곳으로 허벅지를 찔렀다고 한다.
저들은 누구도 가르쳐 주지 않았지만
스스로 힘써 고통을 참으며 공부하였던 것이다."

頭懸梁, 錐刺股, 두현량, 추자고,

彼不教, 自勤苦. 피불교, 자근고.

【頭懸梁】晉나라 때 孫敬은 信都(지금의 河北 冀縣) 사람으로 머리를 묶어
대들보에 매달고 바로 앉아 졸지 않고 공부하겠다고 다짐하였으며, 언제나
문을 걸어 잠그고 공부하여 호를 '閉戶先生'이라 하였다 함.《太平御覽》
(611)에 인용된《楚國先賢傳》에 "孫敬好學, 時欲寤寐, 懸頭至屋梁以自課, 常閉
戶, 號爲閉戶先生"이라 함.

【錐刺股】戰國시대 蘇秦의 勤苦學習을 말함.《太平御覽》(611)에 "蘇秦, 洛陽人,
與魏人張儀同師事鬼谷先生. 讀書至睡, 秦輒引錐刺股, 血流至踝"라 함.《戰國
策》秦策(1)에 "說秦王書十上而說不行. 黑貂之裘弊, 黃金百斤盡, 資用乏絶,
去秦而歸. 嬴滕履蹻, 負書擔橐, 形容枯槁, 面目犁黑, 狀有歸色. 歸至家, 妻不

下紝, 嫂不爲炊, 父母不與言. 蘇秦喟歎曰:「妻不以我爲夫, 嫂不以我爲叔, 父母不以我爲子, 是皆秦之罪也.」乃夜發書, 陳篋數十, 得太公陰符之謀, 伏而誦之, 簡練以爲揣摩. 讀書欲睡, 引錐自刺其股, 血流至足. 曰:「安有說人主不能出其金玉錦繡, 取卿相之尊者乎?」期年揣摩成, 曰:「此眞可以說當世之君矣!」於是乃摩燕烏集闕, 見說趙王於華屋之下, 抵掌而談. 趙王大悅, 封爲武安君. 受相印, 革車百乘, 綿繡千純, 白壁百雙, 黃金萬溢, 以隨其後, 約從散橫, 以抑强秦"라 함. 이상 두가지 어렵게 공부한 에를 흔히 '현두자고'(懸頭刺股)라 함.

〔王相〈訓詁〉〕

此言苦讀之勤也. 晉有孫敬, 讀書夜深, 常恐盹倦, 乃以頭髻懸於梁上, 以防困睡. 蘇秦不遇而歸, 爲骨肉所賤, 乃勵志讀書, 每値懶惰昏倦之時, 將利錐刺其股以自警. 夫二子之刻苦自勵如此, 固無父兄之敎, 威嚴課督之也. 爾輩小生, 享安居溫飽之樂, 又有賢父兄以敎率之, 安得不思勉勵以自奮哉!

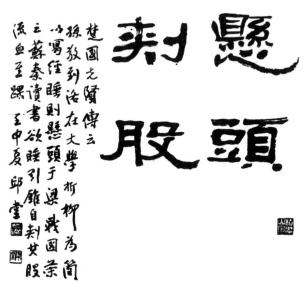

〈현두자고(懸頭刺股)〉丘堂 呂元九(현대 서예가)

069
형설지공螢雪之功

"진나라 때 차윤車胤 같은 이는
자루에 반딧불을 모아 공부하였고,
손강孫康은 밤에 눈에 비춰 읽었다.
집이 비록 가난하나 학문은 그만둘 수 없는 것이다."

如囊螢, 如映雪, 여낭형, 여영설,

家雖貧, 學不輟. 가수빈, 학불철.

【囊螢】 螢雪之功 중에 車胤(《晉書》 83에 전이 있음)의 고사를 말함.《太平御覽》
(611)에 "車胤, 字武子. 南平人, 勤學不倦, 家貧嘗不得油. 夏月則練囊盛數十螢
火蟲以照書"라 함. 한편《蒙求》"晉車胤字武子, 南平人. 恭勤不倦, 博覽多通.
家貧不常得油. 夏月則練囊盛數十螢火, 以照書, 以夜繼日焉. 桓溫在荊州, 辟爲
從事, 以辨識義理, 深重之. 稍遷征西長史, 遂顯於朝延. 時武子與吳隱之, 以寒
素博學知名于世. 又善於賞會, 當時每有盛坐, 而武子不在, 皆云: 無車公不樂.
終吏部尙書"라 함.
【映雪】 晉나라 때 孫康이 겨울에 눈에 책을 비추어 공부한 고사(《尙友錄》
권4).《蒙求》에는 "孫氏世錄曰: 康家貧無油, 常映雪讀書. 少小淸介, 交遊不雜.
後至御史大夫"라 함.

此言貧不廢學也. 晉車胤好學, 家貧, 夜獨無油, 乃取螢火囊之, 而藉其光以
照讀書. 孫康寒夜讀書無油, 乃出庭前映雪光而讀. 夫二子不以貧而廢學, 終成
大名, 況爾輩有父兄資給, 可不勉歟?

070

주매신朱買臣과 이밀李密

"한나라 때 주매신朱買臣은

나뭇짐을 짊어지고 가면서도 책을 읽었고,

수나라 때 이밀李密은 스승을 찾아 소를 타고 가며

소뿔에 책을 걸고 읽으며 갔다.

몸이 비록 힘들지만 오히려 그 고통을 넘어

뛰어난 자가 된 것이다."

如負薪, 如掛角,　여부신, 여괘각,

身雖勞, 猶苦卓.　신수로, 유고탁.

【負薪】西漢의 朱買臣의 고사. 주매신은 會稽 吳(지금의 江蘇 吳縣) 사람으로 자는 翁子. 어릴 때 집이 가난하여 나무장수를 하며 생계를 이었는데, 나무를 짊어지고 가면서도 책을 읽었다 함.《漢書》朱買臣傳에 "朱買臣字翁子, 吳人也. 家貧, 好讀書, 不治産業, 常艾薪樵, 賣以給食, 擔束薪, 行且誦書. 其妻亦負戴相隨, 數止買臣毋歌嘔道中. 買臣愈益疾歌, 妻羞之, 求去. 買臣笑曰: 「我年五十當富貴, 今已四十餘矣. 女苦日久, 待我富貴報女功.」妻恚怒曰: 「如公等, 終餓死溝中耳, 何能富貴?」買臣不能留, 卽聽去. 其後, 買臣獨行歌道中, 負薪墓間. 故妻與夫家俱上冢, 見買臣饑寒, 呼飯飮之"라 하였으며, 《蒙求》에도

"前漢朱買臣字翁子, 吳人. 家貧好讀書, 不治薪業, 常艾薪樵, 賣以給食. 擔束薪, 行且誦書. 其妻亦負戴相隨, 羞之求去. 買臣曰:「我年五十當富貴今已四十餘矣. 女苦日久, 待我富貴, 報汝功.」妻恚怒曰:「如公等, 終餓死溝中耳, 何能富貴?」買臣卽聽去. 後數歲, 隨上計吏爲卒, 將重車至長安詣闕上書, 待詔公車. 會邑子嚴助貴幸, 薦買臣, 召見. 說春秋言楚詞. 武帝說之, 拜中大夫, 與嚴助俱侍中. 久之拜會稽太守. 上謂曰:「富貴不歸故鄉, 如衣繡夜行, 今子何如?」買臣頓首謝. 入吳界, 見其故妻, 妻夫治道. 買臣呼令後車載其夫妻, 到太守舍, 置園中給食之. 妻自經死. 買臣乞其夫錢令葬. 悉召見故人, 與飲食, 諸嘗有恩者, 皆報復焉"라 하였다.

【掛角】隋나라 때 李密(532~618)의 고사. 이밀의 자는 玄邃(혹 法主), 장안 사람으로 어릴 때 공부에 뜻을 두고 구산(緱山)의 包愷를 스승으로 모시고자 소를 타고 떠나면서 소뿔에 《漢書》를 걸고 읽으면서 갔다 함. 上柱國 蒲山公 李寬의 아들로 隋나라 大業 9년 楊玄德의 봉기군에 참가하였다가 포로가 되었으며, 뒤에 다시 도망하여 대업 12년 瓦崗軍에게 투신하여 봉기 군의 수령이 되어 魏公으로 불렸으나, 다시 唐에 불만을 품고 맞섰다가 피살됨. 《舊唐書》(53)와 《新唐書》(84)에 전이 있음.

王相 〈訓詁〉

此言身勞而好學也. 漢朱買臣, 貧而採樵, 不廢讀書. 方砍柴時, 置書於林下 而讀. 負薪而歸, 懸書於擔頭, 誦而步行, 後仕武帝爲會稽守. 隋李密好學, 乘牛 而讀《漢書》, 將餘本挂兩角之上, 楊越公而奇之, 後襲爵爲蒲山公. 二子身旣勤勞, 而猶勞苦堅卓如此, 況李輩飽食終日, 無所事事者乎?

〈伏生授經圖〉 王維(唐) 일본 오사카시립미술관 소장

071

소순蘇洵의 일화

"송나라 때 소순蘇洵은 나이 스물일곱에,
비로소 발분하여 책을 읽어 대문장가가 되었다."

蘇老泉, 二十七, 소로천, 이십칠,
始發憤, 讀書籍. 시발분, 독서적.

【蘇老泉】蘇洵(1009~1066)의 고사. 소순은 唐宋八大家의 하나이며 두 아들 蘇軾, 蘇轍과 함께 三蘇로 불림. 북송의 문학가로 자는 明允, 호는 老泉, 四川 眉山 사람으로 27세에 비로소 책을 읽기 시작하여, 歐陽脩의 추천으로 벼슬길에 올라 문장으로 이름을 떨쳤음. 《宋史》(443) 文苑傳에 전이 있음.

王相〈訓詁〉

此言年長而好學者也. 老泉名洵, 字明允, 宋眉山人, 蘇東坡之父也. 老泉幼而失學, 至二十七歲, 始悟其非, 發憤攻書, 以成大名, 兩子皆大儒, 世號「三蘇」.

소순의 아들 蘇軾(1037~1101)

072
늙은이도 이렇거든

"저들은 비록 늙었음에도 오히려 늦게 시작한 것을 후회하였다.
너희들은 아직 어리고 젊은 나이니
의당 일찍부터 공부에 뜻을 두어야 한다."

彼既老, 猶悔遲; 피기로, 유회지;

爾小生, 宜早思. 이소생, 의조사.

【彼】 소순을 가리킴.
【爾】 '너'인칭대명사. 지금의 백화어 '你'와 같음. 이 책을 읽으며 공부하고
있는 어린 아이들을 지칭함.

王相〈訓詁〉

　二十七歲雖不爲老, 以人生八歲當入小學, 十五當入大學計之, 則已老矣. 夫老
泉年既長, 有室家之累, 又初不好學, 而一旦悔向學之遲, 發憤以成大名如此,
至爾輩小生, 當未老之時, 宜早思上進, 電勉以成功, 莫待老而後悔之無及, 又安
能如老泉天資之高也乎?

073

여든둘에 장원급제한 양호梁灝

"양호梁灝 같은 이는 나이 여든둘에,
조정의 진사 시험에 참가하여
많은 선비들 중에 장원으로 **뽑혔었다.**"

若梁灝, 八十二, 약량호, 팔십이,
對大廷, 魁多士. 대대정, 괴다사.

【梁灝】송나라 때 양호의 고사. 梁灝(梁顥)는 鄆州 須城(지금의 山東 東平)
사람으로 자는 太素.《宋史》(296) 梁灝傳과 송나라 孔平仲의《談苑》(2)과
范正敏의《遯齋閒覽》등에 의하면 太宗 雍熙 2년(985)에 92세(82세는 오류임)
에 進士에 급제하여 諫議大夫 등을 거쳤으며, 眞宗 景德 원년(1000)에 權知
開封府에 올랐으며 병으로 죽어 문집 15권을 남겼다고 하였으나, 그의 일화
에 대하여는 王稱의《東都事略》(47) 梁顥傳과 洪邁의《容齋四筆》(14) 등에
모두 42세로 죽었다 하여 사실과 다르며, 그가 장원한 나이도 23로 되어
있음. 그런가 하면 李心傳의《建炎以來朝野雜記》(甲集 9) 故事篇에는 30세에
장원한 것으로 되어 있기도 하며, 이이 때라 明 兪正燮의《癸巳存稿》(8)
書宋史梁顥傳後에는 이를 종합하여《宋史》본전의 내용이 사실과 다르다고
결론을 내렸음. 그 때문에 章炳麟의《重訂三字經》에는 이 구절을 빼고 대신
"若荀卿, 年五十, 遊稷下, 習儒業"이라 내용을 고치기도 하였음.
【魁】장원으로 급제하였음을 말함. '魁'는 '首'의 뜻.

此言好學之心至老而彌篤也. 大廷, 天子之廷. 魁多士, 狀元也. 宋之梁灝,
若學一生, 未遇, 及乎年八十有二矣, 尙能奮發有爲, 對策大廷, 而爲多士之首.

송대 과거 관련 삽화.(위: 문천상 등과록, 아래: 장원급제를
꿈꾸는 모습, 과거 컨닝 장면)

074
나이를 뛰어넘어

"저 양호가 이윽고 성공하자
많은 이들은 기이하다 칭찬하였다.
너희들은 어리고 젊은 나이이니
의당 뜻을 세움이 마땅하리라."

彼旣成, 衆稱異; 피기성, 중칭이;

爾小生, 宜立志. 이소생, 의립지.

【彼】梁灝(梁顥)를 가리킴.

彼, 指梁灝也. 言灝年高而才雄力健, 又能成此大名, 眞古今之獨異者也. 爾輩
讀書, 宜以此爲法, 不以未遇而自荒, 不以不遇而自廢, 一心向學, 至老而不倦,
以灝自期, 無怠其志可也.

075

조영祖瑩과 이필李泌

"북제 때 조영祖瑩은 여덟 살에 능히 시를 읊었고,
당나라 때 이필李泌은 겨우 일곱 살에 바둑을 두고
훌륭한 대답을 해 임금을 놀라게 하였다."

瑩八歲, 能咏詩; 영팔세, 능영시;
泌七歲, 能賦碁. 필칠세, 능부기.

【瑩】祖瑩을 가리킴. 자는 元珍. 北齊 때 范陽 遒(지금의 河北 淶水) 사람으로
8살에 능히 《詩經》과 《尚書》에 능통하였으며, 12살에 中書學生이 되어
내외가 모두 '聖小兒'라 불렀다 함. 뒤에 太學博士, 국자좨주(國子祭酒), 黃門
侍郎, 車騎大將軍 등을 거쳤으며 죽은 뒤 尚書左僕射·司徒公에 추증됨.
《北史》(47)와 《魏書》(82)에 전이 있음.

【泌】당나라 때 이필(李泌)을 가리킴. 자는 長源, 京兆(長安) 사람으로 7살에
능히 문장을 지어 신동으로 이름이 났음. 玄宗이 燕國公 장열(張說)과
바둑을 두면서 그를 불러 그 재치를 시험할 때 장열이 '方圓動靜'에 대하여
그 뜻을 물으면서 짐짓 "이를테면 바둑을 둘 때 모난 것은 바둑판이요, 둥근
것은 바둑알이며, 움직이는 것은 바둑이 산 것이요, 조용한 것은 바둑이
죽은 것과 같다"(方若碁局, 圓若碁子; 動若碁生, 靜若碁死)라 하자, 이필은 즉시
"모난 것은 의를 행하는 것이요, 둥근 것은 지혜를 쓰는 것과 같으며 움직

이는 것은 재능을 타고 달리는 것이요, 조용함이란 득의했을 때의 태도"(方若 行義, 圓若用智; 動若騁材, 靜若得意)라 하였다 함. 이에 현종이 선물을 내려 칭찬하였다 함. 天寶 연간에 翰林供奉東宮을 거쳐 현종, 肅宗, 代宗, 德宗 등 4대를 모셨으며 덕종 때 재상이 되었음. 《舊唐書》(130)와 《新唐書》(139)에 전이 있음.

此言幼而早成也. 北齊祖瑩年方八歲, 卽能咏詩成章, 後爲著作郎.

唐李泌年始七歲, 姑子員半天九歲, 舉神童, 明皇問曰:「外庭尙有如卿者乎?」 對曰:「舅子李泌七歲, 才勝於臣」帝令入見, 時帝方與張說奕棋, 帝問曰:「小子 能賦乎?」 對曰:「能.」 帝命賦「方圓動靜」, 泌請問其旨, 張說曰:「方若棋盤, 圓若棋子, 動若棋生, 靜若棋死」泌對曰:「方若行義, 圓若用智, 動若騁材, 靜若 得意.」帝大奇之, 賜以紫衣, 後歷相位, 爲社稷臣.

〈碁局圖〉

076
때를 놓치지 말라

"저들은 아주 똑똑하고 뛰어나
사람들이 기이하다 칭찬하였다.
너희들은 어린 나이에 공부하고 있으니
의당 이를 본받을 지어다."

彼穎悟, 人稱奇; 피영오, 인칭기;

爾幼學, 當效之. 이유학, 당효지.

【穎悟】 아주 똑똑하고 뛰어남.
【效】 본을 받아 따라 행동하고 배움.

王相〈訓詁〉

　言祖·李二人, 童年穎悟, 才能動主, 早取卿相, 人稱奇異如此. 爾幼學之人, 當以爲法而效之可也.

077

채염蔡琰과 사도온謝道韞

"채염蔡琰은 아버지가 타던
거문고 줄 끊어진 위치를 알아내었고,
사도온謝道韞은 어린 나이에
내리는 눈을 보고 시를 읊었다."

蔡文姬, 能辨琴; 채문희, 능변금;

謝道韞, 能咏吟. 사도온, 능영음.

【蔡文姬】 채염(蔡琰: 162?~239)을 가리킴. 자는 昭姬. 동한 때의 女流文人으로 蔡邕의 딸. 문학과 음악에 모두 뛰어난 재능을 가졌으며, 처음 河東의 衛仲道에게 시집을 갔으나 남편이 죽고 아이도 없어 친정으로 돌아와 살던 중, 興平 연간에 천하 대란이 일어나 匈奴 기병에게 납치됨. 이에 南匈奴로 끌려가 그곳의 左賢王의 아내가 되었으며 그곳에서 두 아들을 낳고 12년을 살았음. 뒤에 曹操가 원래 채옹과 친하던 터라 그 후사가 없음을 불쌍히 여겨 대속금을 주고 데리고 와서 다시 董祀의 아내가 됨. 〈悲憤詩〉 2편이 전하며 〈胡笳十八拍〉은 그가 지은 것으로 알려져 있음. 《後漢書》 列女傳 董祀妻에 "陳留董祀妻者, 同郡蔡邕之女也, 名琰, 字文姬. 博學有才辯, 又妙於音律. 適河東衛仲道. 夫亡無子, 歸寧於家. 興平中, 天下喪亂, 文姬爲胡騎所獲, 沒於南匈奴左賢王, 在胡中十二年, 生二子. 曹操素與邕善, 痛其無嗣, 乃遣使者李金璧贖之, 而重嫁於祀"라 함.

【能辨琴】채옹은 음악과 글씨, 문학 등에 두루 밝았는데, 어느 날 밤에 거문고를 타다가 줄이 끊어지자 딸 채염이 이를 듣고 둘째 줄이 끊어졌다고 함. 이에 채옹이 우연히 맞춘 것이라 여겨 다시 고의로 한 줄을 끊고 물어보자 넷째 줄이라 하여 틀림이 없었다 함.《後漢書》(84) 董祀妻의 注에 劉昭의《幼童傳》을 인용하여 "邕夜鼓琴, 絃絶. 琰曰:「第二絃」邕曰:「偶得之耳.」

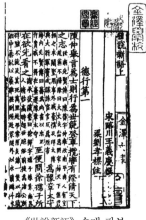

《世說新語》송대 판본

故斷一絃問之, 琰曰:「第四絃」並不差謬"라 함.

【謝道韞】'謝道蘊'으로도 표기하며 東晉 때 太傅 謝無奕의 딸이며 王凝之의 아내이자 王羲之의 며느리.《世說新語》言語篇에 "謝太傅寒雪日內集, 與兒女講論文義; 俄而雪驟, 公欣然曰:「白雪紛紛何所似?」兄子胡兒曰:「撒鹽空中差可擬」兄女曰:「未若柳絮因風起」公大笑樂. 卽公大兄無奕女, 左將軍王凝之妻也"라 하여 그의 뛰어난 재능에 대한 고사가 실려 있음.《晉書》列女傳 王凝之妻謝氏편에도 실려 있음.

王相〈訓詁〉

言古不讀男子好學, 雖女子亦有聰明才智過人者. 蔡伯喈之女名琰, 字文姬, 父方操琴, 遇猫捕鼠, 文姬知其琴聲帶殺. 董卓擅政, 邕有憂時之心, 方操琴, 而文姬傷其父琴聲焦殺, 危難將至. 父因卓之誅, 得罪而死. 流文姬於胡地, 文姬作〈胡笳十八拍〉之曲, 流入中國, 幽怨哀傷. 曹孟德問之, 以千金贖回, 而配士人董玘. 謝道韞, 晉宰相謝安之兄女, 幼能咏詩. 庭中大雪, 安問諸子姪云:「大雪紛紛何所似?」姪琰對曰:「『撒鹽空中』差可擬」道韞對曰:「未若『柳絮因風起』」安大奇之. 後嫁王右軍子凝之, 夫死, 以節著.

078
여인들도 그렇거든

"저들은 여자임에도 그토록 총명하고 민첩하였다.
너희는 사내로 태어났으니 의당 스스로 경책삼을지어다."

彼女子, 且聰敏; 피녀자, 차총민;
爾男子, 當自警. 이남자, 당자경.

【聰敏】 총명하고 민첩함. 아주 똑똑함을 이르는 말.
【自警】 스스로 경계삼음. 警策으로 여김.

王相 〈訓詁〉

言文姬·道韞不過女子耳, 且能聰明敏捷, 審音如此其精明, 應對如此其穎異.
況爾輩皆男子也, 豈可不如女子, 而自頹其志乎? 當以此自警而自惕可也.

079
신동과에 합격한 유안劉晏

"당나라 때 유안劉晏은 나이 겨우 일곱에,
신동과神童科에 합격하여
비서성의 문서를 정리하는 정자正字가 되었다."

唐劉晏, 方七歲, 당류안, 방칠세,

擧神童, 作正字. 거신동, 작정자.

【劉晏】 당나라 때의 정치가. 자는 士安. 曹州 南華(지금의 河北 東明) 사람으로
일곱 살에 神童科 과거에 합격하여 秘書省의 문서를 정리하는 '正字'라는
관직에 발탁됨. 뒤에 夏縣令을 거쳐 玄宗 때는 다시 賢良方正科에 합격하
였고 肅宗, 代宗을 거치며 吏部尙書, 平章事 등에 오름. 《舊唐書》(123)와
《新唐書》(149)에 전이 있음.

【擧神童】 당나라 때의 고시 이름. 10살 이하의 신동을 대상으로 효경과 논어
를 과목으로 하여 시험을 치러 발탁하였음. 《文獻通考》 選擧考(8)을 참조
할 것.

【正字】 관직 이름. 당나라 때는 秘書省에 소속되었으며 문서를 정리하고 典籍
을 校讎(校正)하는 일을 관장함.

此又引神童之事, 以明穎悟之才. 唐有劉晏, 年方七歲, 値明皇幸華淸宮, 晏攔
駕上書, 帝大奇之, 爲之神童, 授翰林正字. 一日詔見, 楊妃愛之, 命坐於膝上,
親爲綰髻. 帝問之曰:「卿爲正字, 正得幾字?」晏俯伏對曰:「諸字皆正, 唯有
朋字不正.」盖「朋」字似兩月字而體不正, 且以諷當時讒臣用事, 寵倖多門, 朋比
爲奸也. 明皇大異之. 後歷仕明, 肅, 代, 德, 官之戶部尙書, 平章事. 晏不惟聰穎,
而崇政黜邪之心, 已見於此矣.

○綰, 音挽. 髻, 音計. 黜, 音出.

〈白地黑花孩兒垂釣紋枕〉(宋 磁州窯)

080
비록 어린 나이였지만

"저는 비록 나이가 어렸지만
이미 그 몸이 벼슬길에 올랐으니,
너희는 어릴 때부터 열심히 공부하고,
부지런히 노력하여 뜻을 이룰지니라."

彼雖幼, 身已仕; 피수유, 신이사;
爾幼學, 勉而致. 이유학, 면이치.

【仕】벼슬길에 나섬.

王相〈訓詁〉

言晏雖七歲幼童, 然已身入仕林矣. 爾等幼學, 當勉力而效之可矣.

081
뜻을 세우면 이루리라

"어떤 일을 하고자 하는 자는
역시 모두 이와 같았던 것이다."

有爲者, 亦若是.   위유자, 역약시.

【有爲】어떤 일에 목적을 두고 매진함을 말함.《孟子》滕文公(上)에 "顔淵曰:
舜何人也? 予何人也? 有爲者亦若是"라 함.

王相〈訓詁〉

人但不能奮發有爲耳, 彼劉晏亦人也, 效之何難?

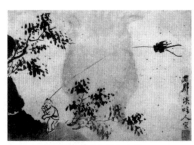

〈放風箏〉(연날리기)

082
개나 닭도 역할을 다하거든

"개는 밤을 지키고 닭은 새벽을 알린다.
그런데 진실로 배우지 아니한다면
어찌 사람이 되겠는가?"

犬守夜, 雞司晨. 견수야, 계사신.
苟不學, 曷爲人? 구불학, 갈위인?

【犬守夜】집 안의 개는 밤에 집을 지킴.
【雞司晨】닭은 아침 시간을 맡아 날이 밝으면 욺.
【曷】의문부사 '어찌'의 뜻.

王相〈訓詁〉

爾曷不下觀於物類以自警乎? 犬與雞, 皆畜也. 犬則有守夜之能, 使人不敢犯;
雞則有司晨報曉之能, 使人如早起. 夫雞犬之微, 尙有可取之處, 況人爲萬物
之靈, 豈可晏然自安乎? 自古大賢, 皆由學而後成, 人苟不學, 則終歸下流, 反不
及雞犬之可取, 則亦何以爲人哉?

083
누에와 꿀벌

"누에는 실을 토하여 고치가 되어 비단이 되도록 하고,
벌은 꿀을 모아들인다.
사람이 배우지 아니하면 미물만도 못한 것이 되고 만다."

蠶吐絲, 蜂釀蜜.　잠토사, 봉양밀.

人不學, 不如物.　인불학, 불여물.

【蠶吐絲】 누에는 실을 뽑아 고치를 만들며 이는 사람에게 비단을 짤 재료를
제공하여 공헌을 함.
【蜂釀蜜】 벌은 꽃꿀을 위에 담아 이를 게워내어 다시 발효시켜 벌집과 꿀을
만들어 사람에게 도움을 줌. '釀'은 발효시켜 이를 熟成함을 뜻함.

王相〈訓詁〉

又不觀之於蜂與蠶乎? 彼蠶蜂, 至微之物也, 無求於人, 爲人所畜. 蠶則有
吐絲結繭以成幣帛之功, 蜂則有採花釀蜜以資服食之用, 爲物也小, 成功也大.
汝等堂堂男子, 倘如不學而荒其業, 是昆蟲之不如也.

084
백성에게 은택을 내리도록

"어릴 때 배워 장성하면 이를 실행하여,
위로는 임금을 섬기고
아래로는 백성에게 혜택을 베풀어야 한다."

幼而學, 壯而行. 유이학, 장이행.
上致君, 下澤民. 상치군, 하택민.

【幼而學, 壯而行】 어른이 되어서는 일을 실행하고 실천함.《孟子》梁惠王(下)
에 "夫人幼而學之, 壯而欲行之"라 함.
【致君】 임금으로 하여금 목적한 정치를 이루도록 해 줌. 杜甫의〈奉贈韋
左丞丈二十二韻〉에 "致君堯舜上, 再使風俗淳"이라 읊은 구절이 있음.
【澤民】 백성에게 혜택이 있도록 정치를 함. 남에게 은택을 주는 유용한 인물
이 되어야 함을 말함.

[王相〈訓詁〉]

　人之生也, 非徒事於誦讀而已. 幼而學聖賢之言, 將以壯而行聖賢之行也; 若徒
學而不行其行, 又何取於學也!
　壯行云何? 士君子得志而行其道也. 上以能致其君爲堯舜之君, 下以能澤其民
如堯舜之民, 所謂窮則獨善其身, 達則兼善天下.

085
부모의 이름을 드날리게

"자신의 이름을 날려 부모를 드러나게 하라.
그 앞날에는 빛이 나게 하고
뒤에는 넉넉함이 있도록 하라."

揚名聲, 顯父母. 양명성, 현부모.

光於前, 裕於後. 광어전, 유어후.

【揚名聲, 顯父母】《孝經》開宗明義章에 "身體髮膚, 受之父母, 不敢毀傷, 孝之
始也; 立身行道, 揚名於後世, 以顯父母, 孝之終也. 夫孝, 始於事親, 中於事君,
終於立身"라 함.

王相〈訓詁〉

學爲大儒, 聲名達於四方; 仕爲名臣, 襃寵加於父母. 或全忠全孝, 百世流芳;
或正直公廉, 一時頌德, 俱揚名顯親之事也.

人能以道德勳猷揚顯於世, 則聖德大業光耀於祖宗, 積慶鍾祥垂裕於後世,
豈非讀書之大效哉!

086
황금을 물려주기보다

"남들은 자식에게 한 바구니 가득 황금을 물려주지만
나는 아들에게 오직 이《삼자경》하나를 가르쳐 주노라."

人遺子, 金滿籝; 인유자, 금만영;
我教子, 惟一經. 아교자, 유일경.

【人遺子】아들에게 남겨 줌.
【籝】광주리. 바구니. 대나무로 만든 그릇. 여기서는 그릇을 총칭함.
【一經】여기서는 본《삼자경》을 말함. 한편 漢나라 때 韋賢은 학문에 뜻을
두어《예》와《상서》,《시》에 밝아 '鄒魯大儒'라 불렸으며 宣帝 때 丞相에
오르기도 하였음. 그의 막내아들 韋玄成은 역시 經에 밝아 승상에 올라
부자가 모두 널리 이름을 날렸음. 이에 鄒魯(山東) 지역에서는 "遺子黃金滿籝,
不如一經"이라는 속담이 생겼다 함.《漢書》韋賢傳에 "韋賢字長孺, 魯國鄒
人也. 其先韋孟, 家本彭城, 爲楚元王傅, 傅子夷王及孫王戊. ……自孟至賢
五世. 賢爲人質朴少欲, 篤志於學, 兼通《禮》·《尙書》, 以《詩》敎授, 號稱鄒魯
大儒. 徵爲博士, 給事中, 進授昭帝《詩》, 稍遷光祿大夫詹事, 至大鴻臚. ……少子
玄成, 復以明經歷位至丞相. 故鄒魯諺曰:「遺子黃金滿籝, 不如一經.」라 함.

　此總結上文, 言凡人遺留與子孫者, 但重金銀, 我則惟以一經教子, 使學爲聖賢而已. 語云「黃金萬籝, 不如敎子一經」, 是也.

087
힘써 노력하라

"부지런히 하면 성공이 있을 것이나
놀이에 빠지면 이익이 없으리라.
경계할 지니라.
의당 힘써 부지런함을 다하라!"

勤有功, 戲無益.　근유공, 희무익.

戒之哉, 宜勉力!　계지재, 의면력!

【戲】 놀이와 유희. 학업에 열심을 다하지 아니함을 말함.

王相 〈訓詁〉

　此總戒後學之辭. 言凡人殷勤向學, 則有日進之功; 若怠惰嬉戲, 則無益而
有損也. 爾輩宜戒之, 戒之! 不可不勉力勵志於學, 以成大儒也.

부록

I. 章炳麟 增訂本 《三字經》

※ 총 118구 1416자이다.(3×4×118 = 1,416자)
괄호 안은 장병린章炳麟이 증보한 것임.

人之初, 性本善. 性相近, 習相遠.

苟不敎, 性乃遷. 敎之道, 貴以專.

昔孟母, 擇鄰處. 子不學, 斷機杼.

竇燕山, 有義方. 敎五子, 名俱揚.

養不敎, 父之過; 敎不嚴, 師之惰.

子不學, 非所宜. 幼不學, 老何爲?

玉不琢, 不成器; 人不學, 不知義.

爲人子, 方少時, 親師友, 習禮儀.

香九齡, 能溫席. 孝於親, 所當執.

融四歲, 能讓梨. 弟於長, 宜先知.

首孝弟, 次見聞. 知某數, 識某文.

一而十, 十而百. 百而千, 千而萬.

三才者, 天地人. 三光者, 日月星.

三綱者: 君臣義, 父子親, 夫婦順.

曰春夏, 曰秋冬. 此四時, 運不窮.

曰南北, 曰西東, 此四方, 應乎中.

曰水火, 木金土, 此五行, 本乎數.

(十干者, 甲至癸. 十二支, 子至亥.

曰黃道, 曰所躔. 曰赤道, 當中權.

赤道下, 溫暖極. 我中華, 在東北.

曰江河, 曰淮濟. 此四瀆, 水之紀.

曰岱華, 嵩恆衡. 此五岳, 山之名.

曰士農, 曰工商. 此四民, 國之良.)

曰仁義, 禮智信. 此五常, 不容紊.

(地所生, 有草木. 此植物, 遍水陸.

有蟲魚, 有鳥獸. 此動物, 能飛走.)

稻粱菽, 麥黍稷. 此六穀, 人所食.

馬牛羊, 谿犬豕. 此六畜, 人所飼.

曰喜怒, 曰哀懼, 愛惡欲, 七情具.

(青赤黃, 及黑白. 此五色, 目所識.

酸苦甘, 及辛鹹. 此五味, 口所含.

羶焦香, 及腥朽. 此五臭, 鼻所嗅.)

匏土革, 木石金, 與絲竹, 乃八音.

(曰平上, 曰去入. 此四聲, 宜調協.)

高曾祖, 父而身, 身而子, 子而孫.

自子孫, 至玄曾. 乃九族, 人之倫.

父子恩, 夫婦從; 兄則友, 弟則恭.

長幼序， 友與朋； 君則敬， 臣則忠.

此十義， 人所同. (當順敘， 勿違背.

斬齊衰， 大小功， 至緦麻， 五服終.

禮樂射， 御書數， 古六藝， 今不具.

惟書學， 人共遵， 既識字， 講說文.

有古文， 大小篆， 隸草繼， 不可亂.

若廣學， 懼其繁， 但略說， 能知原.)

凡訓蒙， 須講究， 詳訓詁， 明句讀.

爲學者， 必有初， 小學終， 至四書.

論語者， 二十篇； 群弟子， 記善言.

孟子者， 七篇止； 講道德， 說仁義.

作中庸， 乃孔伋； 中不偏， 庸不易.

作大學， 乃曾子， 自修齊， 至平治.

孝經通， 四書熟. 如六經， 始可讀.

詩書易， 禮春秋. 號六經， 當講求.

有連山， 有歸藏， 有周易， 三易詳.

有典謨， 有訓誥， 有誓命， 書之奧.

我周公， 作周禮， 著六官， 存治體.

大小戴， 註禮記， 述聖言， 禮樂備.

曰國風， 曰雅頌， 號四詩， 當諷詠.

詩既亡， 春秋作， 寓褒貶， 別善惡.

三傳者： 有公羊， 有左氏， 有穀梁.

經既明， 方讀子， 撮其要， 記其事.

五子者：　有荀揚，　文中子，　及老莊.
經子通，　讀諸史，　考世系，　知終始.
自羲農，　至黃帝．　號三皇，　居上世.
唐有虞，　號二帝，　相揖遜，　稱盛世.
夏有禹，　商有湯，　周文武，　稱三王.
夏傳子，　家天下，　四百載，　遷夏社.
湯伐夏，　國號商，　六百載，　至紂亡.
周武王，　始誅紂，　八百載，　最長久.
周轍東，　王綱墜，　逞干戈，　尚游說.
始春秋，　終戰國，　五霸彊，　七雄出.
嬴秦氏，　始兼併，　傳二世，　楚漢爭.
高祖興，　漢業建，　至孝平，　王莽篡.
光武興，　爲東漢，　四百年，　終於獻，
蜀魏吳，　分漢鼎，　號三國，　迄兩晉.
宋齊繼，　梁陳承，　爲南朝，　都金陵.
北元魏，　分東西，　宇文周，　與高齊.
迨至隋，　一土宇，　不再傳，　失統緒.
唐高祖，　起義師，　除隋亂，　創國基.
二十傳，　三百載，　梁滅之，　國乃改.
梁唐晉，　及漢周，　稱五代，　皆有由.
炎宋興，　受周禪，　十八傳，　南北混.
(遼與金，　皆稱帝，　元滅金，　絕宋世.
輿圖廣，　超前代，　九十年，　國祚廢.

太祖興, 　國大明, 　號洪武, 　都金陵.

迨成祖, 　遷燕京, 　十六世, 　至崇禎.

權閹肆, 　寇如林, 　李闖出, 　神器焚.

清世祖, 　膺景命, 　靖四方, 　克大定.

由康雍, 　歷乾嘉, 　民安富, 　治績誇.

道咸間, 　變亂起, 　始英法, 　擾都鄙.

同光後, 　宣統弱, 　傳九帝, 　滿淸歿.

革命興, 　廢帝制, 　立憲法, 　建民國.

十七史, 　全在玆.　載治亂, 　知興衰.

史雖繁, 　讀有次.　史記一, 　漢書二,

後漢三, 　國志四.　兼證經, 　參通鑑.)

讀史者, 　考實錄.　通古今, 　若親目.

口而誦, 　心而惟.　朝於斯, 　夕於斯.

昔仲尼, 　師項橐, 　古聖賢, 　尙勤學,

趙中令, 　讀魯論, 　彼旣仕, 　學且勤.

披蒲編, 　削竹簡.　彼無書, 　且知勉.

頭懸梁, 　錐刺股, 　彼不敎, 　自勤苦.

如囊螢, 　如映雪, 　家雖貧, 　學不輟.

如負薪, 　如掛角, 　身雖勞, 　猶苦卓.

蘇老泉, 　二十七, 　始發憤, 　讀書籍.

彼旣老, 　猶悔遲; 　爾小生, 　宜早思.

若梁灝, 　八十二, 　對大廷, 　魁多士.

(若荀卿, 　年五十, 　遊稷下, 　習儒業.)

彼旣成, 衆稱異; 爾小生, 宜立志.

瑩八歲, 能咏詩; 泌七歲, 能賦碁.

彼穎悟, 人稱奇; 爾幼學, 當效之.

蔡文姬, 能辨琴; 謝道韞, 能咏吟.

彼女子, 且聰敏; 爾男子, 當自警.

唐劉晏, 方七歲, 擧神童, 作正字.

彼雖幼, 身已仕, 有爲者, 亦若是.

犬守夜, 雞司晨. 苟不學, 曷爲人?

蠶吐絲, 蜂釀蜜. 人不學, 不如物.

幼而學, 壯而行. 上致君, 下澤民.

揚名聲, 顯父母. 光於前, 裕於後.

人遺子, 金滿籯; 我敎子, 惟一經.

勤有功, 戲無益. 戒之哉, 宜勉力.

※ '十七史'는 '古今史'로 바꾸어 표현하였음.

II. 《三字經訓詁序》 ················· 淸, 王相

歙西徐士業建勳氏校刊

宋儒王伯厚先生作三字經, 以課家塾. 言簡義長, 詞明理晢, 淹貫
三才, 出入經史, 誠蒙求之津, 逮大學之濫觴也. 予不揣荒陋謬爲訓詁,
不無貽誚高明, 然於肄習之助, 庶或有小補云爾. 歲在康熙丙午嘉平
之吉, 訒菴王相晉升甫識.

※ 1666년 12월 인암訒菴 王相(자는 쯥升)이 쓴 서문임.

Ⅲ.《宋史》(438) 儒林傳(王應麟)

王應麟字伯淳, 慶元府人. 九歲通六卿, 淳祐元年擧進士, 從王埜
受學.

調西安主簿, 民以年少易視之, 輸賦後時. 應麟白郡守, 繩以法,
遂立辦. 諸校欲爲亂, 知縣事翁甫倉皇計不知所出, 應麟以禮諭服之.
差監平江百萬東倉. 調浙西提擧常平茶鹽主管帳司, 部使者鄭霖異待之.
丁父憂, 服除, 調揚州敎授.

初, 應麟登第, 言曰:「今之事擧子業者, 沽名譽, 得則一切委棄,
制度典故漫不省, 非國家所望於通儒」於是閉門發憤, 誓以博學宏
辭科自見, 假館閣書讀之. 寶祐四年中是科. 應麟與弟應鳳同日生,
開慶元年亦中是科, 詔褒諭之, 添差浙西安撫司幹辦公事.

帝御集英殿策士, 召應麟覆考. 考第旣上, 帝欲易第七卷置其首.
應麟讀之, 乃頓首曰:「是卷古誼若龜鏡, 忠肝如鐵石, 臣敢爲得士賀」
遂以第七卷爲首選. 及唱名, 乃文天祥也. 遷主管三省·樞密院架閣
文字.

遷國子錄, 進武學博士, 疏言:「陛下閱理多, 願治久. 當事勢之艱,
興圖慮於外患, 人才乏而民力殫, 宜强爲善, 增修德, 無自沮怠; 恢弘
士氣, 下情畢達, 操綱紀而明委任, 謹左右而防壅蔽, 求哲人以輔後嗣」
旣對, 帝問其父名, 曰:「爾父以陳善爲忠, 可謂繼美」

丁大全欲致應麟, 不可得. 遷太常寺主簿, 面對, 言:「淮戌方警,
蜀道孔艱, 海表上流皆有藩籬唇齒之憂. 軍功未集而吝賞, 民力旣困
而重斂, 非修攘計也. 陛下勿以宴安自逸, 勿以容悅之言自寬」帝愀
然曰:「邊事甚可憂」應麟言:「無事深憂, 臨事不懼. 願汲汲預防,

母爲壅蔽所欺」時大全諱言邊事, 於是應麟罷.

未幾, 大全敗, 起應麟通判台州. 召爲太常博士, 擢秘書郎, 俄兼沂靖惠王府教授. 彗星見, 應詔極論執政・侍從・臺諫之罪, 積私財・行公田之害. 又言:「應天變莫先回人心, 回人心莫先受直言. 箝天下之口, 沮直臣之氣, 如應天何?」時直言者多迕權臣意, 故應麟及之. 遷著作佐郎.

度宗卽位, 攝禮部郎官, 草百官表. 舊制, 請聽政, 四表已上; 一夕入臨, 宰臣諭旨增撰三表, 應麟操筆立就. 丞相總護還, 辭位表三道, 使者立以俟, 應麟從容授之. 丞相驚服, 卽授兼禮部郎官・兼直學士院.

馬廷鸞知貢舉, 詔應麟兼權直, 俄兼崇政殿說書. 遷著作郎, 守軍器少監. 經筵値人日雪, 帝問有何故事, 應麟以唐李嶠・李乂等應制詩對. 因奏:「春雪過多, 民生飢寒, 方寸仁愛, 宜謹感召」遷將作監.

帝視朝, 謂應麟曰:「爲學要灼見古人之心」應麟對曰:「嚴恭寅畏, 不敢怠皇, 克勤克儉, 無自縱逸, 强以馭下, 制事以斷, 此古人之心. 然操舍易忽於眇綿, 兢業每忘於游衍」帝嘉納之. 既而轉對, 言:「人君防未萌之欲, 存不已之誠」擢兼侍立修注官, 升權直學士院, 遷秘書少監兼侍講. 上疏論市舶, 不報.

會賈似道拜平章事, 葉夢鼎・江萬里各求去, 似道亦求去. 應麟奏, 孝宗朝闕相者亦逾年, 帝亟取以諭之. 似道聞應麟言, 大惡之, 語包恢曰:「我去朝士若王伯淳者多矣, 但此人素著文學名, 不欲使天下謂我棄士. 彼盍思少自貶!」恢以告, 應麟笑曰:「迕相之患小, 負君之罪大」遷起居舍人, 兼權中書舍人. 冬雷, 應麟言:「十月之雷, 惟東漢數見. 命令不專, 姦柔並進, 卑踰尊, 外陵內之象. 當淸天君, 謹天命, 體天德, 以回天心. 守成必法祖宗, 御治必總威福」似道聞之, 斥逐之意決矣.

應麟牒閤門直前奏對, 謂用人莫先察君子小人. 方袖疏待班, 臺臣亟疏駁之, 由是二史直前之制遂廢. 以秘閣修撰主管崇禧觀.

久之, 起知徽州. 其父撝嘗守是郡, 父老皆曰:「此淸白太守子也」摧豪右, 省租賦, 民大悅.

召爲秘書監，權中書舍人，力辭，不許．兼國史編修・實錄檢討兼侍講．遷起居郎兼權吏部侍郎．指陳成敗逆順之說，且曰：「國家所恃者大江，襄・樊其喉舌，議不容緩．朝廷方從容如常時，事幾一失，豈能自安？」朝臣無以邊事言者，帝不懌．似道復謀斥逐，適應麟以母憂去．

及似道潰師江上，授中書舍人兼直學士院，卽引疏陳十事，急征討・明政刑・厲廉恥・通下情・求將材・練軍實・備糧餉・舉實材・擇牧守・防海道，其目也．且言：「圖大患者必略細故，求實效者必去虛文」因請集諸路勤王之師，有能率先而至者，宜厚賞以作勇敢之氣，幷力進戰，惟能戰斯可守．進兼同修國史・實錄院同修撰兼侍讀，遷禮部侍郎兼中書舍人．日食，應詔論答天戒五事，陳備禦十策，皆不及用．

尋轉尚書兼給事中．左丞相留夢炎用徐囊爲御史，擢江西制置使黃萬石等，應麟繳奏曰：「囊與夢炎同鄉，有私人之嫌；萬石黶戾無學，南昌失守，誤國罪大．今方欲引以自助，善類爲所搏噬者，必攜持而去．吳浚貪墨輕躁，豈宜用之？況夢炎舛令慢諫，讜言弗敢告，今之賣降者，多其任用之士」疏再上，不報．出關俟命，再奏曰：「因危急而紊紀綱，以偏見而咈公議，臣封駁不行，與大臣異論，勢不當留」疏入，又不報，遂東歸．

詔中使譚純德以翰林學士召，識者以爲奪其要路，寵以清秩，非所以待賢者．應麟亦力辭．後二十年卒．

所著有《深寧集》一百卷，《玉堂類藁》二十三卷，《掖垣類藁》二十二卷，《詩考》五卷，《詩地理攷》五卷，《漢藝文志攷證》十卷，《通鑑地理攷》一百卷，《通鑑地理通釋》十六卷，《通鑑答問》四卷，《困學紀聞》二十卷，《蒙訓》七十卷，《集解踐阼篇》・《補注急就篇》六卷，《補注王會篇》，《小學甘珠》十卷，《玉海》二百卷，《詞學指南》四卷，《詞學題苑》四十卷，《筆海》四十卷，《姓氏急就篇》六卷，《漢制攷》四卷，《六經天文編》六卷，《小學諷詠》四卷．

Ⅳ. 중국 제왕 세계표

1. 하夏

2. 상商, 殷

3. 서주西周

4. 동주東周

5. 진秦

6. 서한西漢

7. 동한東漢

8. 삼국三國

   (1)촉蜀 (2)위魏 (3)오吳

9. 진(晉: 西晉, 東晉)

10. 남조南朝

   (1)송宋 (2)제齊 (3)양梁 (4)진陳

11. 북조北朝

   (1)북위北魏 (2)북제北齊 (3)북주北周

12. 수隋

13. 당唐

14. 오대五代

    (1) 양(梁: 後梁)　(2) 당(唐: 後唐)　(3) 진(晉: 後晉)

    (4) 한(漢: 後漢)　(5) 주(周: 後周)

15. 요遼

16. 금金 (부: 西夏)

17. 송(宋: 北宋, 南宋)

18. 원元

19. 명明

20. 청淸

夏朝世系圖
(B.C. 2100?~B.C. 1600?)

```
(一)禹 ──────── (二)啟 ──── (三)太康
                        └── (四)仲康 ──────── (五)相 ──── (六)少康 ──────── (七)予 ──┐
┌─────────────────────────────────────────────────────────────────────────────┘
│ (八)槐 ──── (九)芒 ──── (十)泄 ──┬── (十一)不降 ──────── (十四)孔甲
│                                └── (十二)扃 ──────── (十三)廑
┌─────────────────────────────────────────────────────────────────────────────┘
  (十五)皋 ──────── (十六)發 ──────── (十七)履癸(桀)
```

商朝世系圖
(B.C. 1600?~B.C. 1028)

```
(一)湯(太乙) ──┬── 太丁 ──── (四)太甲 ──┬── (五)沃丁
             ├── (二)外丙                └── (六)太庚 ──┬── (七)小甲
             └── (三)中壬                              ├── (八)雍己
                                                      └── (九)太戊 ──┐
┌────────────────────────────────────────────────────────────────────┘
  (十)仲丁 ──── (十三)祖乙 ──┬── (十四)祖辛 ──── (十六)祖丁 ──┬── (十八)陽甲
  (十一)外壬                 └── (十五)沃甲 ──── (十七)南庚    ├── (十九)盤庚
  (十二)河亶甲                                               ├── (二十)小辛
                                                            └── (二十一)小乙 ──┐
┌────────────────────────────────────────────────────────────────────────────┘
  (二十二)武丁 ──┬── (二十三)祖庚
               └── (二十四)祖甲 ──┬── (二十五)廩辛
                                 └── (二十六)庚丁 ──── (二十七)武乙 ──┐
┌────────────────────────────────────────────────────────────────────┘
  (二十八)太丁 ──── (二十九)帝乙 ──── (三十)帝辛(紂)
```

西周世系圖
(B.C. 1027~B.C. 771)

```
(一)武王發 ──────── (二)成王誦 ──────── (三)康王釗 ──────── (四)昭王瑕 ──┐
(B.C.1027~1025年)   (B.C.1024~1005年)   (B.C.1004~967年)   (B.C.966~948年)
┌───────────────────────────────────────────────────────────────────────┘
  (五)穆王滿 ──────── (六)共王繄扈 ──────── (七)懿王囏 ──┐
  (B.C.947~928年)    (B.C.927~908年)      (B.C.907~898年)
                  └── (八)孝王辟方
                      (B.C.897~888年)
┌───────────────────────────────────────────────────────────────────────┘
  (九)夷王燮 ──────── (十)厲王胡 ──────── (十一)宣王靜* ──────── (十二)幽王宮湦
  (B.C.887~858年)    (B.C.857~842年)    (B.C.827~782年)        (B.C.781~771年)
```

* 선왕(姬靜) 즉위 전 B.C.841~828년은 '共和' 시기(총14년)임.

東周世系圖
(B.C. 770~B.C. 256)

(一) 平王宜臼(幽王子) ─── 太子洩父 ──── (二) 桓王林 ──────── (三) 莊王佗
(B.C.770~720年)   (B.C.719~697年)   (B.C.696~682年)

─── (四) 僖王胡齊 ──── (五) 惠王閬 ──── (六) 襄王鄭 ──── (七) 頃王壬臣
(B.C.681~677年)   (B.C.676~652年)   (B.C.651~619年)   (B.C.618~613年)

─── (八) 匡王班
(B.C.612~607年)

─── (九) 定王瑜 ──── (十) 簡王夷 ──── (十一) 靈王泄心 ──── (十二) 景王貴
(B.C.606~586年)   (B.C.585~572年)   (B.C.571~545年)   (B.C.544~520年)

─── (十三) 悼王猛
(B.C.520年, 不滿一年)

─── (十四) 敬王匄 ──── (十五) 元王仁 ──── (十六) 定王介(貞定王) ───
(B.C.519~477年)   (B.C.476~469年)   (B.C.468~441年)

─── (十七) 哀王去疾
(B.C.441年, 不滿一年)

─── (十八) 思王叔
(B.C.441年, 不滿一年)

─── (十九) 考王嵬 ─── (二十) 威烈王午 ─── (二十一) 安王驕 ┬ (二十二) 烈王喜
(B.C.440~426年)   (B.C.425~402年)   (B.C.401~376年) │ (B.C.375~369年)
                                                               └ (二十三) 顯王扁 ───
                                                                 (B.C.368~321年)

─── (二十四) 慎靚王定 ──────── (二十五) 赧王延
(B.C.320~315年)   (B.C.314~256年)

秦朝世系圖
(B.C. 221~B.C. 207)

(一) 秦始皇嬴政 ──┬── 太子扶蘇 ──── (三) 秦王子嬰
(B.C.246~210年)   │   (B.C.207年 在位46日)
                   └── (二) 二世胡亥
                       (B.C.209~207年)

西漢世系圖
(B.C. 202~A.D. 8)

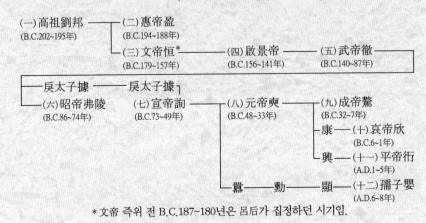

(一) 高祖劉邦 ── (二) 惠帝盈
(B.C.202~195年) (B.C.194~188年)

── (三) 文帝恒* ── (四) 啟景帝 ── (五) 武帝徹
(B.C.179~157年) (B.C.156~141年) (B.C.140~87年)

├ 戾太子據 ── 戾太子據 ┐
└ (六) 昭帝弗陵 (七) 宣帝詢 ── (八) 元帝奭 ── (九) 成帝驁
(B.C.86~74年) (B.C.73~49年) (B.C.48~33年) (B.C.32~7年)

── 康 ── (十) 哀帝欣
(B.C.6~1年)

── 興 ── (十一) 平帝衎
(A.D.1~5年)

── 囂 ── 勳 ── 顯 ── (十二) 孺子嬰
(A.D.6~8年)

* 文帝 즉위 전 B.C.187~180년은 呂后가 집정하던 시기임.

東漢世系圖
(A.D. 25~220)

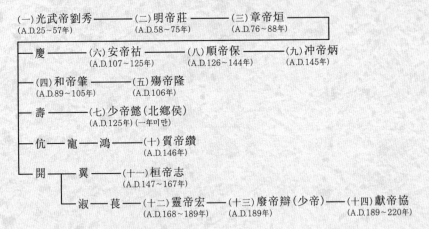

(一) 光武帝劉秀 ── (二) 明帝莊 ── (三) 章帝烜
(A.D.25~57年) (A.D.58~75年) (A.D.76~88年)

── 慶 ── (六) 安帝祜 ── (八) 順帝保 ── (九) 冲帝炳
(A.D.107~125年) (A.D.126~144年) (A.D.145年)

── (四) 和帝肇 ── (五) 殤帝隆
(A.D.89~105年) (A.D.106年)

── 壽 ── (七) 少帝懿 (北鄉侯)
(A.D.125年) (一年미만)

── 伉 ── 寵 ── 鴻 ── (十) 質帝纘
(A.D.146年)

── 開 ── 翼 ── (十一) 桓帝志
(A.D.147~167年)

── 淑 ── 萇 ── (十二) 靈帝宏 ── (十三) 廢帝辯 (少帝) ── (十四) 獻帝協
(A.D.168~189年) (A.D.189年) (A.D.189~220年)

三國世系圖
(A.D.220~265)

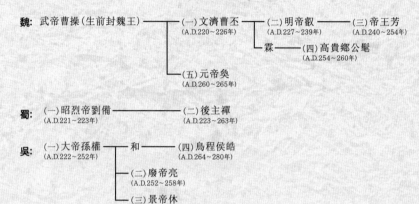

魏: 武帝曹操（生前封魏王）———（一）文濟曹丕———（二）明帝叡———（三）帝王芳
（A.D.220~226年）　　　　（A.D.227~239年）　　　（A.D.240~254年）

霖———（四）高貴鄉公髦
（A.D.254~260年）

（五）元帝奐
（A.D.260~265年）

蜀: （一）昭烈帝劉備———（二）後主禪
（A.D.221~223年）　　　（A.D.223~263年）

吳: （一）大帝孫權———和———（四）鳥程侯皓
（A.D.222~252年）　　　　　（A.D.264~280年）

（二）廢帝亮
（A.D.252~258年）

（三）景帝休
（A.D.258~264年）

西晉世系圖
(A.D.265~317)

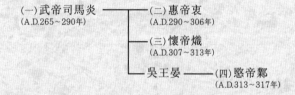

（一）武帝司馬炎———（二）惠帝衷
（A.D.265~290年）　　　（A.D.290~306年）

（三）懷帝熾
（A.D.307~313年）

吳王晏———（四）愍帝鄴
（A.D.313~317年）

東晉世系圖
(A.D.317~420)

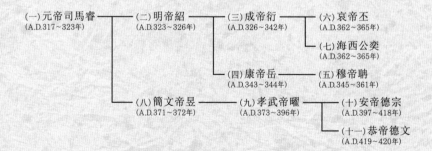

（一）元帝司馬睿———（二）明帝紹———（三）成帝衍———（六）哀帝丕
（A.D.317~323年）　　　（A.D.323~326年）　　（A.D.326~342年）　　（A.D.362~365年）

（七）海西公奕
（A.D.362~365年）

（四）康帝岳———（五）穆帝聃
（A.D.343~344年）　　（A.D.345~361年）

（八）簡文帝昱———（九）孝武帝曜———（十）安帝德宗
（A.D.371~372年）　　（A.D.373~396年）　　（A.D.397~418年）

（十一）恭帝德文
（A.D.419~420年）

南朝世系圖
(A.D.420~589)

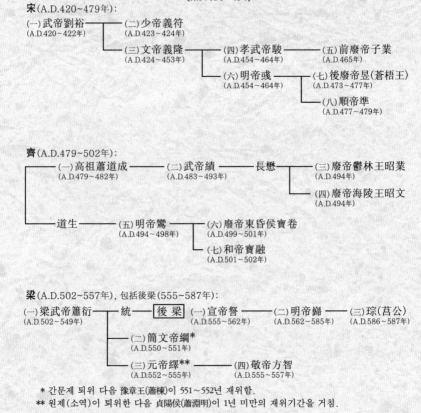

宋(A.D.420~479年):

(一)武帝劉裕 ── (二)少帝義符
(A.D.420~422年)　　(A.D.423~424年)

(三)文帝義隆 ── (四)孝武帝駿 ── (五)前廢帝子業
(A.D.424~453年)　　(A.D.454~464年)　　(A.D.465年)

(六)明帝彧 ── (七)後廢帝昱(蒼梧王)
(A.D.454~464年)　　(A.D.473~477年)

(八)順帝準
(A.D.477~479年)

齊(A.D.479~502年):

(一)高祖蕭道成 ── (二)武帝賾 ── 長懋 ── (三)廢帝鬱林王昭業
(A.D.479~482年)　　(A.D.483~493年)　　　　(A.D.494年)

(四)廢帝海陵王昭文
(A.D.494年)

道生 ── (五)明帝鸞 ── (六)廢帝東昏侯寶卷
(A.D.494~498年)　　(A.D.499~501年)

(七)和帝寶融
(A.D.501~502年)

梁(A.D.502~557年), 包括後梁(555~587年):

(一)梁武帝蕭衍 ── 統 ── 後梁 ── (一)宣帝詧 ── (二)明帝巋 ── (三)琮(莒公)
(A.D.502~549年)　　　　　　　　(A.D.555~562年)　(A.D.562~585年)　(A.D.586~587年)

(二)簡文帝綱*
(A.D.550~551年)

(三)元帝繹** ── (四)敬帝方智
(A.D.552~555年)　　(A.D.555~557年)

　* 간문제 퇴위 다음 豫章王(蕭棟)이 551~552년 재위함.
　** 원제(소역)이 퇴위한 다음 貞陽侯(蕭淵明)이 1년 미만의 재위기간을 거침.

陳(A.D.557~589年):

(一)武帝陳霸先
(A.D.557~559年)

道譚 ── (二)文帝蒨 ── (三)廢帝伯宗(臨海王)
　　　　(A.D.560~566年)　　(A.D.567~568年)

(四)宣帝頊 ── (五)後主叔寶
(A.D.569~582年)　　(A.D.583~589年)

北朝世系圖
(A.D.439~581)

北魏(A.D.386~534年), 包括東魏(534~550年), 西魏(535~556年):

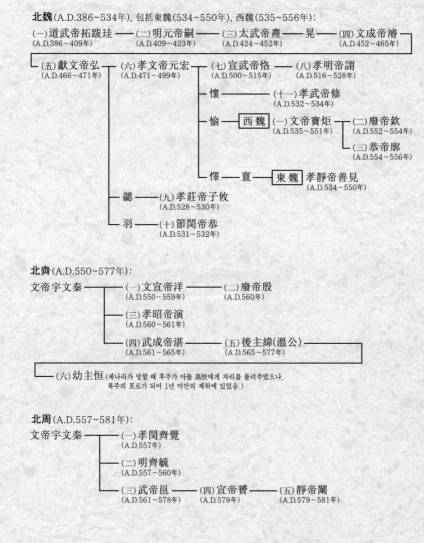

(一)道武帝拓跋珪 —— (二)明元帝嗣 —— (三)太武帝燾 —— 晃 —— (四)文成帝濬
(A.D.386~409年)　　(A.D.409~423年)　　(A.D.424~452年)　　　　(A.D.452~465年)

(五)獻文帝弘 —— (六)孝文帝元宏 —— (七)宣武帝恪 —— (八)孝明帝詡
(A.D.466~471年)　　(A.D.471~499年)　　(A.D.500~515年)　　(A.D.516~528年)

懌 —— (十一)孝武帝修
　　　　(A.D.532~534年)

愉 —— 西魏 (一)文帝寶炬 —— (二)廢帝欽
　　　　　　(A.D.535~551年)　　(A.D.552~554年)
　　　　　　　　　　　　　　 └ (三)恭帝廓
　　　　　　　　　　　　　　　　(A.D.554~556年)

懌 —— 亶 —— 東魏 孝靜帝善見
　　　　　　　　(A.D.534~550年)

勰 —— (九)孝莊帝子攸
　　　(A.D.528~530年)

羽 —— (十)節閔帝恭
　　　(A.D.531~532年)

北齊(A.D.550~577年):

文帝宇文秦 —— (一)文宣帝洋 —— (二)廢帝殷
　　　　　　　(A.D.550~559年)　　(A.D.560年)

(三)孝昭帝演
(A.D.560~561年)

(四)武成帝湛 —— (五)後主緯(溫公)
(A.D.561~565年)　　(A.D.565~577年)

(六)幼主恒 (제나라가 망할 때 후주가 아들 高恒에게 자리를 물려주었으나,
　　　　　　 북주의 포로가 되어 1년 미만의 제위에 있었음.)

北周(A.D.557~581年):

文帝宇文秦 —— (一)孝閔帝覺
　　　　　　　(A.D.557년)

(二)明帝毓
(A.D.557~560년)

(三)武帝邕 —— (四)宣帝贇 —— (五)靜帝闡
(A.D.561~578년)　　(A.D.579년)　　(A.D.579~581년)

隋世系圖
(A.D.581~618)

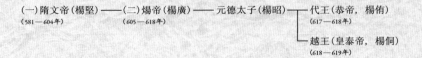

(一)隋文帝(楊堅) —— (二)煬帝(楊廣) —— 元德太子(楊昭) ┬ 代王(恭帝，楊侑)
（581—604年）　　　　（605—618年）　　　　　　　　　　　　（617—618年）
　　　　　　　　　　　　　　　　　　　　　　　　　　　　　　└ 越王(皇泰帝，楊侗)
　　　　　　　　　　　　　　　　　　　　　　　　　　　　　　　（618—619年）

唐世系圖
(A.D.618~907)

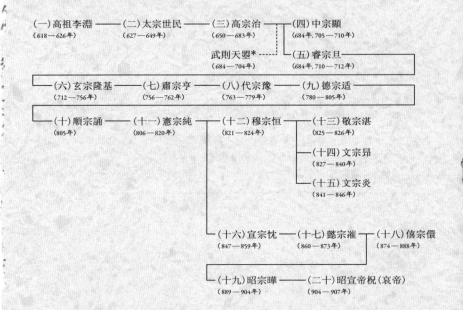

(一)高祖李淵 —— (二)太宗世民 —— (三)高宗治 ┬ (四)中宗顯
（618—626年）　　（627—649年）　　（650—683年）　（684年, 705—710年）

武則天曌* ┄┄┄ (五)睿宗旦
（684—704年）　　　（684年, 710—712年）

(六)玄宗隆基 —— (七)肅宗亨 —— (八)代宗豫 —— (九)德宗适
（712—756年）　　（756—762年）　　（763—779年）　　（780—805年）

(十)順宗誦 —— (十一)憲宗純 —— (十二)穆宗恒 ┬ (十三)敬宗湛
（805年）　　　（806—820年）　　（821—824年）　　（825—826年）
　　　　　　　　　　　　　　　　　　　　　　├ (十四)文宗昂
　　　　　　　　　　　　　　　　　　　　　　　（827—840年）
　　　　　　　　　　　　　　　　　　　　　　├ (十五)文宗炎
　　　　　　　　　　　　　　　　　　　　　　　（841—846年）
　　　　　　　　　　　　　　　　　　　　　　└ (十六)宣宗忱 —— (十七)懿宗漼 ┬ (十八)僖宗儇
　　　　　　　　　　　　　　　　　　　　　　　（847—859年）　　（860—873年）　（874—888年）
　　　　　　　　　　　　　　　　　　　　　　　　　　　　　　　　　　　　　　└ (十九)昭宗曄 —— (二十)昭宣帝枕(哀帝)
　　　　　　　　　　　　　　　　　　　　　　　　　　　　　　　　　　　　　　　（889—904年）　　（904—907年）

* 684년 中宗(李顯)이 재위 3개월 때 무측천(武則天)이 그를 여릉왕(廬陵王)으로 폐위하고 李旦을 睿宗으로 세운 뒤 자신이 나서서 수렴청정함. 다시 690년 무측천은 스스로 제(帝)를 칭하며 국호를 周로 하였으며 704년 중종이 복위하였으나 4년만에 죽고 예종이 뒤를 이음.

五代世系圖
(A.D.907~960)

梁(後梁)(A.D.907~923年)
　　(一)太祖朱溫(晃明・全忠) ─────── (二)末帝友貞
　　(A.D.907~912年)　　　　　　　　　　　　(A.D.913~923年)

唐(後唐)(A.D.923~936年)

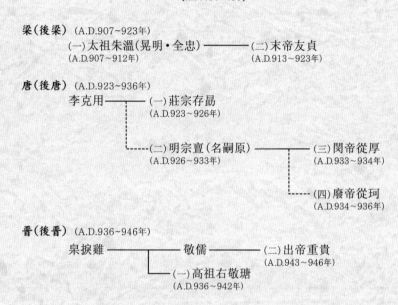

晋(後晋)(A.D.936~946年)
　　　　　　枭捩雞 ─────── 敬儒 ─────── (二)出帝重貴
　　　　　　　　　　　　　　　　　　　　　　　　(A.D.943~946年)
　　　　　　　　　　　└─── (一)高祖右敬瑭
　　　　　　　　　　　　　　　(A.D.936~942年)

漢(後漢)(A.D.947~950年)
　　(一)高祖劉知遠 ─── (二)隱帝承祐
　　(A.D.947~948年)　　(A.D.949~950年)

周(後周)(A.D.951~960年)
　　(一)太祖郭威 ┈┈┈┈ (二)世宗榮 ─────── (二)恭帝宗訓
　　(A.D.951~954年)　　(A.D.954~959年)　　(A.D.959~960年)

　　*┈┈┈ 表示養子

遼世系圖
(A.D.916~1125)

(一)太祖耶律阿保機(又名億) ── 倍 ── (三)世宗阮 ── (五)景宗賢 ── (六)聖宗隆緖
(A.D.916~926年)   (A.D.947~950年)   (A.D.969~982年)   (A.D.983~1031年)

└─ (二)太宗德光 ── (四)穆宗璟
    (A.D.927~947年)   (A.D.951~968年)

└─ (七)興宗宗眞 ── (八)道宗洪基 ── 濬 ── (九)天祚帝延禧*
    (A.D.1031~1054年)   (A.D.1055~1100年)   (A.D.1101~1125年)

1122년 天祚帝 耶律延禧는 金나라 병사들이 中京의 요나라를 함락시킬 때 몰래 빠져나와 居庸關을 거쳐 夾山으로 도망하였다. 이에 燕京을 지키던 귀족들이 耶律淳을 옹립하여 天賜皇帝로 세웠으나 3개월 만에 병으로 죽고 말았다. 1124년 천조제는 武州로 남하하였다가 1125년 정월 포로가 되고 말았다.

金世系圖
(A.D.1115~1234)

元顔劾黑鉢 ── (一)太祖完顔阿骨打 ── 景宣帝繩果 ── (三)熙宗亶
            (A.D.1115~1123年)   (A.D.1135~1148年)

└─ (二)太宗晟 ── 遼王宗幹 ── (四)海陵王亮
    (A.D.1123~1135年)   (A.D.1149~1161年)

└─ 睿宗宗峻 ── (五)世宗雍(烏祿)
            (A.D.1161~1189年)

─ 顯宗永恭(允恭) ── (六)章宗璟(麻達葛)
            (A.D.1190~1208年)

└─ (七)衞紹王允濟(永濟) ── (八)宣宗珣 ── (九)哀宗守緖 ── (十)末帝承麟
    (A.D.1209~1213年)   (A.D.1213~1223年)   (A.D.1224~1234年)   (A.D.1234年)

西夏世系圖
(A.D.1038~1227)

(一)景宗元昊(曩霄) ── (二)毅宗諒祚 ── (三)惠宗秉常 ── (四)崇宗乾順
(A.D.1038~1048年)   (A.D.1049~1067年)   (A.D.1068~1086年)   (A.D.1086~1139年)

─ (五)仁宗仁孝 ── (六)桓宗純祐
   (A.D.1140~1193年)   (A.D.1194~1205年)

─ 越王純友 ── (七)襄宗安全
           (A.D.1206~1210年)

─ 某 ── 彦宗 ── (八)神宗尊頊 ── (九)獻宗德旺
           (A.D.1211~1222年)   (A.D.1223~1225年)

└─ 淸平郡王 ── (十)南平王末帝睍
           (A.D.1226~1227年)

北宋·南宋世系圖

(北宋: A.D. 960~1127)
(南宋: A.D.1127~1279)

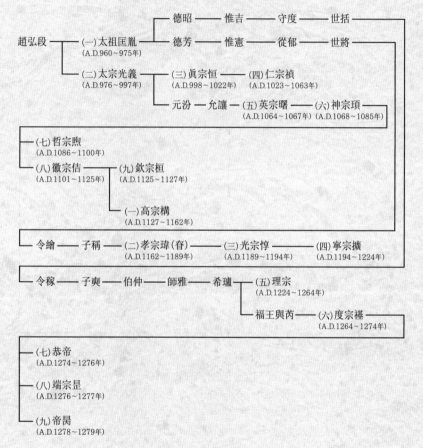

蒙古·元世系圖
(A.D.1206~1368)

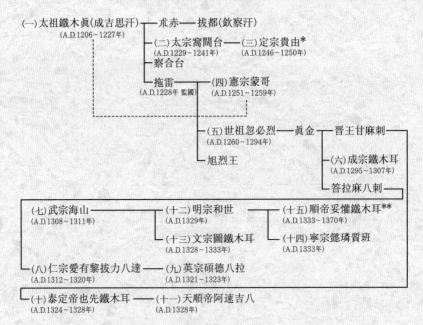

(一)太祖鐵木眞(成吉思汗)──朮赤──拔都(欽察汗)
　　　　(A.D.1206~1227年)

(二)太宗窩闊台──(三)定宗貴由*
(A.D.1229~1241年)　　(A.D.1246~1250年)

察合台

拖雷──(四)憲宗蒙哥
(A.D.1228年 監國)　(A.D.1251~1259年)

(五)世祖忽必烈──眞金──晋王甘麻刺
　　(A.D.1260~1294年)

旭烈王

(六)成宗鐵木耳
(A.D.1295~1307年)

答拉麻八刺

(七)武宗海山──(十二)明宗和世──(十五)順帝妥懽鐵木耳**
(A.D.1308~1311年)　(A.D.1329年)　　(A.D.1333~1370年)

(十三)文宗圖鐵木耳　(十四)寧宗懿璘質班
(A.D.1328~1333年)　　(A.D.1333年)

(八)仁宗愛有黎拔力八達　(九)英宗碩德八拉
(A.D.1312~1320年)　　(A.D.1321~1323年)

(十)泰定帝也先鐵木耳──(十一)天順帝阿速吉八
(A.D.1324~1328年)　　(A.D.1328年)

* 1242~1245년 기간은 馬眞皇后의 집정시기이며, 1249~1250년은 海迷失皇后의 집정시기임.
** 1368년 順帝가 北京에서 퇴출하여 북쪽으로 갔으나 2년 뒤 완전히 멸망함.

明世系圖
(A.D.1368~1644)

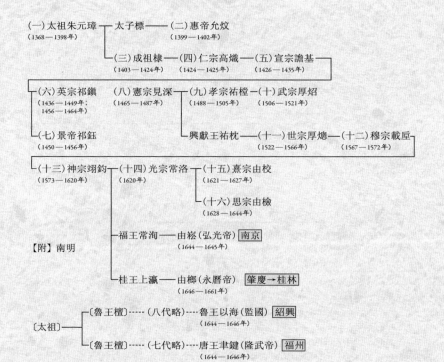

(一)太祖朱元璋 ── 太子標 ──── (二)惠帝允炆
(1368 ― 1398年)　　　　　　　　　(1399 ― 1402年)

└── (三)成祖棣 ──(四)仁宗高熾 ──(五)宣宗諲基
　　　(1403 ― 1424年)　(1424 ― 1425年)　(1426 ― 1435年)

┌── (六)英宗祁鎮　　　(八)憲宗見深 ──(九)孝宗祐樘 ─(十)武宗厚炤
│　　(1436 ― 1449年；　(1465 ― 1487年)　(1488 ― 1505年)　(1506 ― 1521年)
│　　1456 ― 1464年)
└── (七)景帝祁鈺　　　　　　興獻王祐杬 ──(十一)世宗厚熜 ─(十二)穆宗載垕
　　　(1450 ― 1456年)　　　　　　　　　　(1522 ― 1566年)　(1567 ― 1572年)

┌── (十三)神宗翊鈞 ──(十四)光宗常洛 ─(十五)熹宗由校
│　　(1573 ― 1620年)　(1620年)　　　　(1621 ― 1627年)
│　　　　　　　　　　　　　　　　　└─(十六)思宗由檢
│　　　　　　　　　　　　　　　　　　　(1628 ― 1644年)

【附】南明　　　　福王常洵 ── 由崧(弘光帝) 南京
　　　　　　　　　　　　　　　　(1644 ― 1645年)

　　　　　　　　　　桂王上瀛 ── 由榔(永曆帝) 肇慶→桂林
　　　　　　　　　　　　　　　　(1646 ― 1661年)

〔太祖〕┌〔魯王檀〕…… (八代略)…魯王以海(監國) 紹興
　　　　│　　　　　　　　　　　　　(1644 ― 1646年)
　　　　└〔魯王檀〕…… (七代略)…唐王聿鍵(隆武帝) 福州
　　　　　　　　　　　　　　　　　(1644 ― 1646年)

清世系圖
(A.D.1636~1911, 혹 1644~1911)

(一)淸 太宗(愛新覺羅 皇太極)* ——————— (二)世祖(愛新覺羅 福臨)**
　　(A.D.1627~1643年)　　　　　　　　　　　　(A.D.1644~1661年)

——— (三)聖祖(愛新覺羅 玄燁) ——————— (四)世宗(愛新覺羅 胤禛) ———
　　(A.D.1662~1722年)　　　　　　　　　　　(A.D.1723~1735年)

——— (五)高宗(愛新覺羅 弘曆) ——————— (六)仁宗(愛新覺羅 顒琰) ———
　　(A.D.1736~1795年)　　　　　　　　　　　(A.D.1796~1820年)

——— (七)宣宗(愛新覺羅 旻寧) ——————— (八)文宗(愛新覺羅 奕詝) ———
　　(A.D.1821~1850年)　　　　　　　　　　　(A.D.1851~1861年)

——— (九)穆宗(愛新覺羅 載淳) ——————— (十)德宗(愛新覺羅 載湉) ———
　　(A.D.1862~1874年)　　　　　　　　　　　(A.D.1875~1908年)

——— (十一)溥儀
　　(A.D.1909~1811年)

* 1627년 황태극皇太極이 즉위하여 金나라 '大汗'이 되었다가, 1636년(明 崇禎 9년) 국호를 淸으로 고치고 스스로 '황제'라 칭함.
** 1644년 皇太極이 죽고 아들 福臨이 즉위하여 北京으로 천도함. 明 思宗 역시 이 해에 목을 매어 자결함. 이 때문에 흔히 1644년을 청나라가 정식으로 시작된 것으로 보고 있음.

임동석중국사상100

삼자경

三字經

부 록

王應麟 編 / 林東錫 譯註

〈捕棗圖〉(宋) 臺北故宮博物院 소장

임동석(茆浦 林東錫)

慶北 榮州 上茆에서 출생. 忠北 丹陽 德尙골에서 성장. 丹陽初中 졸업. 京東高 서울
敎大 國際大 建國大 대학원 졸업. 雨田 辛鎬烈 선생에게 漢學 배움. 臺灣 國立臺灣師範
大學 國文硏究所(大學院) 博士班 졸업. 中華民國 國家文學博士(1983). 建國大學校
敎授. 文科大學長 역임. 成均館大 延世大 高麗大 外國語大 서울대 등 大學院 강의.
韓國中國言語學會 中國語文學硏究會 韓國中語中文學會 會長 역임. 저서에《朝鮮
譯學考》(中文)《中國學術槪論》《中韓對比語文論》. 편역서에《수레를 밀기 위해 내린
사람들》《栗谷先生詩文選》. 역서에《漢語音韻學講義》《廣開土王碑硏究》《東北
民族源流》《龍鳳文化源流》《論語心得》〈漢語雙聲疊韻硏究〉등 학술 논문 50여 편.

임동석중국사상100

삼자경 三字經

王應麟 撰 / 林東錫 譯註

1판 1쇄 발행/2010년 6월 1일
2쇄 발행/2013년 10월 10일
발행인 고정일
발행처 동서문화사
창업 1956. 12. 12. 등록 16-3799
서울강남구신사동563-10 ☎546-0331~6 (FAX)545-0331
www.dongsuhbook.com
잘못 만들어진 책은 바꾸어 드립니다.

*

*

사업자등록번호 211-87-75330
ISBN 978-89-497-0618-4 04080
ISBN 978-89-497-0542-2 (세트)

V. 《三字經訓詁》 영인본

三字经训诂

三字經訓詁

歙西徐士業建勳氏校刊

宋儒王伯厚先生作三字經以課家塾言
簡義長詞明理晰淹貫三才出入經史誠
蒙求之津逮大學之濫觴也予不揣荒陋
謬為訓詁不無貽誚高明然於稡習之助
庶或有小補云爾歲在康熙丙午嘉平之
吉詔卷王相晉升甫識

人之初　性本善

三字經訓詁　一

此立教之初發端之始故本於人之初生
而言之天之所生謂之人天之所賦謂之
性秉彝之良謂之善人生之初始有知則
先識其母始學語則先呼其親孟子曰孩
提之童無不知愛其親也及其長也無不
知敬其兄也朱子曰人性皆善不其然乎

性相近　習相遠

此承上文而言孔子曰性相近也習相遠
也言人初生時智愚賢不肖皆同此性本
相近而無別也及乎知識既開氣稟各異
資之敏者則為智識之闓者則為愚循乎
理者則為賢縱乎欲者則為不肖反之秉
彝之善性不既大相遠乎此無他習氣使

三字經訓詁　二

然也惟君子為能有養正之功而不使幼
釋之性移於不善也

苟不教　性乃遷
教之道　貴以專

養正之謂何謂能教也人非聖人豈能生
知非親不育非教弗成有子而不教則昧

其天賦之良悖理縱欲日遷於不善矣教
之何如古者婦人有娠坐不偏臥不側立
不跛倚行不亂步目不視惡色耳不聽淫
聲不出亂言不食邪味嘗行忠孝友愛慈
良之事往往生子聰明才智賢德過人此
未生之胎教也子能食教以右手能言勿
使嬌聲能行使知四方上下能揖教以禮
讓尊親此阿保母氏之教也至於洒掃應

對進退之節禮樂射御書數之文此父師
之教也然教之之道又貴在專而無倦蓋
不專則學難成就倦教則子益廢弛非教
之善道也○娠音身

昔孟母　擇鄰處

母氏之教本於慈由巽而入教之所宜先
也古之賢母能教子以成大名者惟孟母

三

最著孟子名軻字子輿戰國鄒人也父早
喪母仇氏居近屠肆孟子幼嘗嬉戲其間
學為屠人宰割之事孟母曰此非可以居
子也乃遷於郊居近墳塋孟子又學為埋
葬哭泣之戲孟母曰此亦非可以居子也
又遷於學宮之旁孟子朝夕學為揖讓之
禮進退周旋之節孟母曰此可以教吾子
矣遂安居焉古語云交必擇友居必擇鄰

孔子曰里仁為美擇不處仁焉得智其此
之謂乎○仇音掌

子不學　斷機杼

杼者織機之梭孟母平居以織紡為事孟
子稍長出從外傅偶倦而返孟母引刀自
斷其機孟子懼跪而請問母曰子之學猶
吾之織也積絲成寸積寸成尺尺寸不已

四

遂成文足今子學為聖賢乃厭倦而求歸

猶吾織布未成而自斷其機也孟子感悟

乃往受業於子思之門紹明聖學皆母教

也○杼音暑

竇燕山　有義方

為父之教本於嚴以正而訓教之不可忽

也近代之嚴父能教諸子皆成令名者惟

竇氏為最竇禹鈞幽州人以地屬燕因號

燕山其為訓也家庭之禮肅於朝廷內外

之防嚴於宮禁父子之訓凜於官師左傳

石碏曰愛子教以義方弗納於邪如燕山

之教可謂義方也巳○碏音雀

五

教五子　名俱揚

燕山五子儀儼侃偁僖宋初皆為名臣鉅

卿世守其父之家法奕葉貴顯皆嚴親訓

迪之功也○偁音稱迪音揚

養不教　父之過

父母之於子不惠不慈但患失教有子而

不能教豈非父之過乎

教不嚴　師之惰

師長之於弟子不患無教但患不嚴不嚴

則弟子怠戲而不遵志荒而業廢矣此為

師之過也

六

子不學　非所宜

幼不學　老何為

古語云養子不教父之過訓導不嚴師之

惰。父教師嚴兩無外學問無成子之罪又
曰勿謂今日不學而有來日今年不學而
有來年日復一日年復一年嗚呼老矣是
誰之愆言悔之無及也

玉不琢 不成器

人不學 不知義

義道義也禮經學記曰玉不琢不成器人
不學不知道雖有美玉不琢不成器
物則無所用猶人雖有美材不勤學問則
不能知理義道德終不可謂成人也

為人子 方少時

親師友 習禮儀

此言為子弟之道也凡為人子弟當少年
無事之時宜當親近明師交結良友講習
禮節儀文之事愛親敬長之道進德修業
以為立身之本。

香九齡 能溫席

孝於親 所當執

百行之首以孝為先初學之士不可不知
也昔漢時有江夏黃香年九歲即知孝於
親每當夏日炎熱之時則扇父母之帷帳
使枕席清涼蚊蚋遠避以待親之安寢至
於冬日嚴寒則以身溫煖其親之衾裯枕
席以待親之煖卧幼而行孝如此雖云天
性然人子之道昏定晨省冬溫夏清禮當
然也。○清音靜

八

融四歲　能讓梨
弟於長　宜先知

敦倫篤誼友于為重兄弟之義幼學所宜
知也漢時魯國孔融年始四歲即知友愛
敬讓之道時有饋送其家梨一筐諸兄競
取之融獨後又擇其最小者取之人問爾
何獨取小者答曰我本小兒當取小者即
此可觀其謙恭敬讓之一端日後罹鉤黨
禍兄弟一門爭死其孝友之風燦然千古
矣。

首孝弟　次見聞
知某數　識某文

孝弟之道人倫所當盡見聞之理幼學所
宜知子曰行有餘力則以學文知其目則
為數識其義則為文易曰君子多識前言
往行日新其德孔子曰多聞闕疑慎言其
餘多見闕殆行其餘及乎聞見既廣知
識既深則言寡尤而行寡悔矣

一而十　十而百

此以下皆言知某數也萬物之數起於一
一者數之始十者數之終百者十之盈也

百而千　千而萬

十累而盈滿十則為百百累而盈滿十則
為千千累而盈滿十則為萬也過此以往
數無紀極莫之能窮也

三才者　天地人

混沌之氣輕清者上浮而為天重濁者下
凝而為地天地之間萬物羣生惟人最貴
人為萬物之靈氣稟陰陽道敦化育生生
不息與天地參故曰三才。

三光者　日月星

日本乎陽之精照臨於晝日本乎陰之魄
光明於夜五星列宿皆麗乎天輝煌燦爛
布列森羅配乎日月謂之三光也。

十一

三綱者　君臣義

父子親　夫婦順

綱者統系也天下之大綱有三君正於朝
為臣之綱父正於家為子之綱夫正於室
為妻之綱三綱既正則君聖臣良父慈子

孝夫和婦順宇宙清寧邦國平康矣。

曰春夏　曰秋冬

此四時　運不窮

此言歲時之序也一歲之序分為四時應
乎北斗斗柄指在寅卯辰萬物發生於
時為春斗柄南指在巳午未萬物暢茂於
時為夏斗柄西指在申酉戌萬物收斂於
時為秋斗柄北指在亥子丑萬物閉藏於
時為冬四時之循還不已運轉無窮寒暑
迭易而歲功成焉。

曰南北　曰西東

此四方　應乎中

十二

此言四方之位也正東之方其干甲乙其
帝太皞其神勾芒盛德在木於常為仁於
時為青陽正南之方其干丙丁其帝炎帝
其神祝融盛德在火於常為禮於時為朱
明正西之方其干庚辛其帝少皞其神蓐
收盛德在金於常為義於時為白藏正北
之方其干壬癸其帝顓頊其神元冥盛德
在水於常為智於時為佐英中央之宮其

干戊己其帝黃帝其神勾龍盛德在土於
常為信於時寄旺乎四季四方春夏秋冬
各有專司惟土居中用事而四方咸應之
也○蓐音耨

曰水火　木金土

此五行　本乎數

天地之間陰陽二氣化生五行天一生水
地二生火天三生木地四生金天五生土
此五行之生序也水曰潤下火曰炎上木
曰曲直金曰從革土爰稼穡此五行之性
之德也水生木木生火火生土土生金
又生水水剋火火剋金金剋木木剋土
又剋水萬事萬物無不有五行貫乎其間
而天下之理皆由此出天下之數皆由此

推不可不知也

曰仁義　禮智信

此五常　不容紊

五常之理根於性生一曰仁仁者人也心
之德也寬裕溫柔慈良惻隱是之謂仁二
曰義義者宜也心之契也發強剛毅奮悚

果敢是之謂義三曰禮禮者儀也心之理
也齊莊中正遜順謙恭是之謂禮四曰智
智者知也心之機也聰明睿知文理密察
是之謂智五曰信信者厚也心之主也誠
實正直忠厚和平是之謂信仁義禮智信
謂之五常不容紊亂也。

稻粱菽　麥黍稷

此六穀　人所食

此言穀可食者有六也一曰稻有秈稻粳
稻晚稻糯稻二曰粱北方高粱米有黃粱
白粱青粱三曰菽即諸豆之總名有大小
黃黑青白豇扁豌蠶之類四曰麥夏穀也
有大麥小麥穬麥麪麥五曰黍北方之穀
又名小米有粘有粳六曰稷一名穄祭祀

之用也有黃有黑凡此六穀皆天生以養
民者也。○粳音梗豌音灣穬音礦

馬牛羊　雞犬豕

此六畜　人所飼

此言人之所畜養者有六也馬能負重致
遠牛能耕田犬能守夜防患則畜之以備
用者也雞羊與豕則畜之孳生以備食者
也六者在人飼養使得其宜則生息蕃滋
而為利溥矣。

曰喜怒　曰哀懼

愛惡欲　七情具

此言七情之動也人之有生便有知識繞

有知識則七情生焉 一曰喜歡樂也 二曰
怒嗔恚也 三曰哀傷感也 四曰懼恐畏也
五曰愛眷戀也 六曰惡憎嫌也 七曰欲貪
慕也 凡此七情智愚賢不肖皆有之 惟聖
賢能出之以正則為君子出
之以邪則為小人 人當崇正而黜邪循理
而窒欲 可不慎乎 ○恚音惠

匏土革 木石金

絲與竹 乃八音

此言八音之器也 樂所以配禮凡奏樂者
八音備而後樂始全 八音維何 一曰匏匏
瓜也 用為笙竽 二曰土 瓦器也 用為壎 三
曰革 牛皮也 四曰木 木器也 用為
祝敔 五曰石 玉石之器 用為磬 六曰金 用為
器也 用為鐘鏞 七曰絲 絃索也 用為琴瑟

八曰竹 竹用為簫管 凡此八音制自黃帝五
帝三王各有樂 用以享上帝祀鬼神薦祖
考宴嘉賓酬酢獻灌非樂不宣登降揖讓
非樂不和迭奏宣通調和敷暢所以導誠
敬暢性情昭感格助威儀所謂禮樂備而
治功成樂之為用其大也如此古人禮樂
不可斯須去身此之謂也 ○柷音竹敔音
于壎音熏

高曾祖 父而身

身而子 子而孫

此言九族之倫也 九族云何 一曰高祖高
者最上之名祖之祖也 凡高祖所生以後
均為同族 所謂五服以內之親也 二曰曾
祖曾者 層疊而上也 謂父之祖也 三曰祖

一曰大父。一曰王父謂父之父也。四曰父
考母沒則稱妣。高曾祖父皆考也。高曾祖
一曰家君。一曰嚴君尊稱之也。父沒則稱
母皆姚也。五曰身己身也。身之嫡配為妻
庶婦則為妾。六曰子妻妾之所生也。妻生
為嫡子妾生為庶子。七曰孫子之子也。孫
者系也統系相傳有緒而不絕也。

自子孫　至元曾

乃九族　人之倫

己身之下。有子孫子孫之所出則有元曾
八曰曾孫孫之子九曰元孫孫之孫也自
高祖至元孫九世矣九世之所謂之九
族者眾也其間生育繁庶各有親疎遠
近之分倫序也尊卑之序定而不紊凡此
親族兄弟諸父子姪諸孫皆出天倫一本

之源所當敦篤敬愛而不衰者也

父子恩　夫婦從

兄則友　弟則恭

自人倫言之九族之次又有十義一曰父
子生我者父我生者子父子之道慈孝之
理皆由天性之恩一曰夫婦男則有室女

則有家夫妻好合和翕順從是謂刑于之
化一曰兄弟先生為兄後生為弟同根一
本則友愛其弟弟則恭敬其兄是謂手
足之誼人能如是則誠天倫之美德家庭
之至樂也

長幼序　友與朋

君則敬　臣則忠

一曰朋友。同德為朋。同類為友。感契以情。
周旋以禮。序分長幼。誼同手足。義共死生。
情均苦樂。朋友之道如是而已。非此則不
過一時聚散之浮交。非所謂友也。一曰君
臣。君者。主也。君之輔。為君之道。聰
明睿知以臨其民。莊嚴蕭以居其位。恩
威寬惠以御其臣。為臣者。光明正大以持
其心。公廉敏信以盡其職。忠良醇謹以事
君驕臣諂。日趨於亂矣。

其上如此。則邦國和平。治化大行。非此則

此十義 人所同

父子夫婦兄弟朋友君臣。是謂五倫。父慈
子孝夫和婦順兄愛弟恭。朋誼友信君敬
臣忠。斯謂十義也。人同者。人具此理。皆人
道之所當為也。

凡訓蒙。須講究。

自一而十至此皆屬於數。所謂知某數矣。
後此皆發明識某文之義。凡此皆所謂訓
蒙之道也。蒙者如草之初生。蒙昧未明也。
訓蒙之義。以講究為先。講者。講其字義之
詳。究者。究其精微之奧。

詳訓詁 明句讀

詁考證也。既詳究其義理。又考證其所出
之源。凡經書之義。一句為句。半句為讀。如
字句太長。則於斷續之中畧為點斷。以便
童蒙誦習也。○讀音豆

為學者 必有初

凡為學之道。須要由漸而進。初學者須由
淺巧入深。不可躐等。則易入而無礙鮮扞

小學終　至四書

三字經訓詁

古者人生八歲先入小學教以洒掃應對
進退之節禮樂射御書數之文使知其義
而識之於心故朱子著為小學之書其要
以立教明倫敬身為内綱稽古嘉言善行
為外目立教者立言以教子弟也明倫者
皆所以明人倫也敬身者恭敬此身無敢
怠惰也朱子既詳明備悉三者之條又益
之以稽古者稽古人立教明倫敬身之法
曰嘉言者集古人立教明倫敬身之言曰
善行者集古人立教明倫敬身之事以實
之也幼學須是講得朱子小學明白然後
講習四書自不難矣四書者論孟學庸古
有其書唐宋以來論孟與孝經爾雅公羊

縠梁二傳周禮儀禮并五經為十三經論
孟二書專習者尚少中庸大學二書又載
八禮記篇中至朱子始採先儒雜說而折
衷之為論孟集註又本程子之意取學庸
分章釋句通名之為四書自有四書之名
學者始知專習而識孔曾思孟聖賢授受
之源流矣。

論語者　二十篇

三字經訓詁

論語者孔門傳道之書有齊論魯論齊論不
見於世今所行者魯論也上下凡二十篇。

羣弟子　記善言

論語乃孔子弟子子夏子張子游及曾子
閔子之門人記聖人之言行訓誨答述之
語朱子集註為四書之首。

孟子者　七篇止

講道德　說仁義

孟子當戰國之時。游於齊梁。其道不行退
居鄒國與弟子公孫丑萬章之徒著孟子
七篇道者。天下古今所共由德者。聖賢躬
行所心得。仁與義乃本於天而具於性。惻
隱羞惡其見端而撫世長民其功用也。如
闢異端貴天爵尊王賤霸距邪放淫道性
善言必稱堯舜是也。

作中庸　子思筆
中不偏　庸不易

子思孔子之孫。伯魚子名伋學者尊之為
述聖作中庸三十三章。程子曰不偏之謂
中不易之謂庸。所言皆人生日用不可須

史離之道。所謂放之則彌六合。卷之則退
藏於密者也。舊本云。作中庸乃孔子伋斥言
大賢之名。今僭改子思筆三字為當。

作大學　乃曾子
自修齊　至平治

曾子名參字子輿孔子弟子傳孔子一貫
之道學者尊之為宗聖作大學一書。大學
者。大人之學也。其綱在明明德新民止於
至善其目在格物致知誠意正心修身齊
家治國平天下。乃作聖之功學者之先務
也。朱子分為一經十傳。所謂初學入德之
門。○按孔子之道。曾子獨得其宗子思之
學本於曾子孟子受業於子思之門此書
乃先論孔孟。而后及子思曾子反為最後

者。何歟。蓋此書。但據當時之次序而言。論
語孟子先有成書。中庸大學則出於禮記
之篇名。中庸為禮記之第三十一。大學為
禮記之第四十二。朱子取而章句之。以列
於四書。作者故以為次也。

此言讀書之序也。孝經為古十三經之一。
曾子叙孔子問答之言。為經十八章。以明
孝道。學者四書既熟之後宜先讀孝經以
知為子之禮。然後循序而讀六經。

孝經通　四書熟

如六經　始可讀

詩書易　禮春秋

號六經　當講求

此言六經之目。易書詩春秋周禮禮記。是
名六經。學者所當講習而研求者也。當時
周禮列於六經。今則去周禮為五經矣。○
研音嚴有礛磨之意。

易之書有三。一曰連山伏羲之易。以艮為
首。山之象也。二曰歸藏炎帝之易。以坤為
首。地之象也。三曰周易文王之易。以乾為
首。天之象也。連山歸藏二易。學者鮮通其
義。今所行者周易。六十四卦之象。始於伏
羲。卦辭彖辭文王所著。卦之爻辭周公所
著。象交象文言。上下繫辭則孔子之所
著。經四聖人而後成全易也。註易之儒多

有連山　有歸藏

有周易　三易詳

不可紀。今惟用程子易傳。朱子本義。秦焚詩書惟易為卜筮之書得以不毀。

有典謨　有訓誥

有誓命　書之奧

書經者虞夏商周四代之書也。典謨訓誥誓命皆書之篇名。典者常也。典常而不可易。為帝王受命之書。如堯典舜典是也。謨者謀也。大臣匡贊謀猷。以襄聖治。如大禹益稷之謨是也。訓者誨也。大臣訓迪其君以匡不逮。如伊訓是也。誥者告也。王者渙發號令。詔誥天下。以布維新之政。如仲虺之誥。大誥康誥。名誥酒誥是也。誓者信也。人君恭行天討。命將誓師。信賞必罰之辭。如甘誓湯誓泰誓費誓秦誓是也。命者令

也。人君申布命令於大臣。如說命微子之命。顧命蔡仲之命。文侯之命是也。昔孔子刪書斷自唐虞凡百篇。至秦焚詩書漢文帝時濟南有伏生。名勝。者年九十口授鼂錯二十八篇。以其上古之書。故謂之尚書。又河內女子獻泰誓一篇。武帝時曾恭王壞孔子舊宅。於壁中得其所藏古文虞夏商周之書。孔安國考論增多伏生二十五篇。朱子門人蔡沈為之集註。

我周公　作周禮

著六官　存治體

周禮周公所作。公姓姬氏文王子武王弟也。周社一書為周家一代設官分職之制也。有天官冢宰。地官司徒。春官宗伯。夏官司

大小戴　註禮記

述聖言　禮樂備

馬秋官司寇冬官司空故謂六官猶六卿
也天子垂拱於上六官分職於下紀綱周
布制度分列事無不治政無不理而天下
平矣秦毀詩書不用周禮至漢求書始出
而亡其冬官漢儒以考工記補之宋代用
以取士今不用。

禮記一書不稱經者五經皆聖人親製此
則後儒纂述先聖之言以成書故稱記而
不稱經也大戴漢儒戴德小戴則德兄子
戴聖也戴德集古禮樂諸書一百八十篇
刪定為八十五篇今名大戴禮記小戴更
為裁定成書四十九篇大學中庸亦附於

曰國風　曰雅頌
號四詩　當諷詠

篇之數元儒陳澔註為禮記集說大戴禮
今不行惟小戴禮記列於五經。

詩經之體有四一曰國風民俗歌謠之詩
諸侯采之以貢於天子天子受之而列於
樂官於以考其風俗之美惡而知其政治
之得失焉二曰小雅諸侯卿大夫朝見天
子及列國之君迎勞王臣使客之作三曰
大雅天子宴享諸侯卿士及王朝公卿會
宴陳述之作謂之雅者其體端嚴典雅以
別於風也四曰頌天子享祀郊廟頌美先
王先公之樂章魯頌商頌附焉通為四詩
學者所當諷誦而詠歎之也秦火之後漢

儒毛萇考定成書或謂之毛詩朱子集註。

詩既亡　春秋作
寓褒貶　別善惡

孟子曰王者之迹熄而詩亡詩亡然後春
秋作。王者之迹文武之道也如文武
之烈成康之盛世周召之宏勳以及豳風

肇業宣王中興皆見於四詩之篇是王者
之迹因詩以存也自東遷以來樂師不陳
詩而風亡。詩侯不覲天子而小雅亡天子
不享諸侯而大雅亡。諸侯不助祭而頌亡。
詩既亡。而王者之迹熄矣。故孔子生於東
周之末。傷王政之不行諸侯專恣於是自
衛反魯作春秋以正王化春秋者魯史之
舊名也。四時皆備舉春秋以為名者。取春

生秋殺之義寓王者之大權也周衰於東
遷春秋起魯隱公元年當平王之末東周
之始王也歷隱桓莊閔僖文宣成襄昭定
哀至獲麟而絕筆傷非時而麟見悲王道
之不復也凡紀二百四十二年之事一字
之褒榮於華袞一字之貶嚴於斧鉞孟子
曰。孔子成春秋而亂臣賊子懼謂其賞罰
章而善惡明亂臣賊子無所逃罪於天地
之間也。

三傳者　有公羊
有左氏　有穀梁

傳者。所以釋春秋之義也傳春秋者不一
而三傳最著。一曰左氏傳左邱明魯之賢
人也其傳春秋用編年紀事之體而詳著

於每年之後。凡天子諸侯之事。兵革禮幣
之交。興衰存滅之故。賢奸淑慝之分。非左
氏則不詳也。二曰公羊傳。公羊高魯人也。
三曰穀梁傳。穀梁赤子夏弟子也。二傳各
有短長同異。皆論斷春秋之大義。表章善
惡之微辭也。左傳有晋杜預註。春秋言意深。公羊有漢
何休註。穀梁有晋范甯註。
非傳不明。故并存之。列於十三經之數。今
用宋儒胡安國傳。
者考時紀事。則折衷於三傳。斷制取法。則

經既明　方讀子
撮其要　記其事

四書六經皆經也。固不可不熟讀而考其
義理之精微矣。若經學既明。又不可不旁

採諸子而讀之。但諸子之書。醇疵互見必
當撮取其簡要之言。以禆正學。記憶其
跡之實。以備參考。則所學日進於淹博而
不至流於邪僻矣。

五子者　有荀揚
文中子　及老莊

子書百家浩繁不可勝紀。就其最善者而
讀之。則有五子。曰老子。姓李。名耳。字伯陽。
亳邑人。東周時為柱下史。作道德經五千
言。莊子。名周。字子休。楚蒙城人。為漆園令。
作南華經。荀子。名況。楚蘭陵人。作太元經法。
下二篇。揚子。名雄。漢成都人。作太元經法。上
言二書文中子。姓王。名通。字仲淹。隋龍門
人作元經。中說二書謚文中子五子大義

老子不矜名。不炫德。以清靜無為為尚莊
子寓言翫世。以離羣絕俗為高荀子言性
命之學撰焉而不精揚子擬易立言大醇
而小疵文中子中說擬論語而人非其倫。
元經比春秋尊篡晉帝北魏非春秋之旨。
學者但翫文取義而不泥於辭可也。

經子通　讀諸史

考世系　知終始

六經諸子既通然後諸史可讀也史書紀
一代治亂興亡之事。君之聖狂臣之賢奸
世系之傳授始終之歲年。可得而考也史
書之體有二曰通史曰國史通史紀一朝
之事。如漢書晉書之類通史紀古今之事。
如通鑑綱目之類國史君有本紀臣有列

傳政事有志有表通鑑則編年叙事而已。
其事則本於國史也。

自羲農　至黃帝

號三皇　居上世

唐有虞　號二帝

洪荒之始。混沌之初。伏羲以前雖有君長。
不可得而詳也故司馬遷作史記。以伏羲

為始太昊伏羲氏始制文字首畫八卦為
萬世文明之祖炎帝神農氏始為耒耜樹
藝五穀立生民養育之源黃帝有熊氏制
衣裳定禮儀文明大備品物咸亨作萬國
具瞻之表後世首崇祀典以羲農黃帝為
三皇史記列於前編為千古帝王之冠。

相揖遜　稱盛世

黃帝之子。少昊金天氏。在位八十四年。黃
帝之孫。顓頊高陽氏。在位七十五年。金天
之孫。帝嚳高辛氏。在位七十年。並堯舜為
五帝。作者但言堯舜者。以其功德最高也。
帝堯陶唐氏。高辛少子。兄帝摯無道諸侯
廢之。而立堯。自唐侯而為天子。其始封於

堯

陶故號陶唐氏。堯之為君也。其仁如天其
智如神。巍巍蕩蕩民無能名。在位七十二
年。有子弗肖求賢而禪於虞是為帝舜有
虞氏舜。黃帝之裔孫。父頑母嚚克諧以孝
耕稼陶漁。日彰其德。四岳薦之於堯妻以
二女。俾總百揆後遜以位。舉用九官十二
牧。八元八愷之賢。誅四凶之不肖使治
水成功。在位六十一年。而禪於禹唐虞之

夏有禹　商有湯

周文武　稱三王

際。世樂雍熙揖遜而有天下。可謂盛矣。蓋
自黃帝以來。始有年甲可紀。自黃帝至舜
凡六世。四百八十年。○顓頊音專嚚音
銀揆音葵

禹

二帝之盛為君道立極。繼其盛者。則有三
王夏后氏之君首稱禹。禹者受禪成功
之謂。繼夏者商則有湯王湯者除殘去虐
之謂。繼商者周則有文武二王。文者武之
父。經天緯地曰文武者文之丞伐暴救民
曰武是皆三代受命之始祖。故曰三王。堯
舜禹湯文武二帝三王。所謂繼天立極為
萬世之君師者也。

夏傳子　家天下

四百載　遷夏社

前通論三王。此則各言其終始。三皇五帝
以天下為公傳賢而授位。謂之官天下。若
夫家天下。則自夏后氏始。禹姓姒氏顓頊
之後也。平治洪水聖德神功。及民悠久復

生賢子曰啟賢能誠敬繼禹之道禹崩之
日讓位於其臣伯益天下之民不從益而
從啟曰吾君之子也自禹之傳子後世以
天下為家故曰家天下。夏歷十七世。至桀
躭酒嗜色無道虐民而國以亡凡四百五
十八年。

湯伐夏　國號商

六百載　至紂亡

繼夏為君者商也湯姓子氏名履高辛之
子契之後也世封於商伐桀而有天下傳
祚二十八世六百四十四年至紂無道而
失其國。

周武王　始誅紂

紂為商王帝乙之子言足拒諫智足飾非
寵嬖妲己炮烙庭臣刳剔孕婦以觀男女
斮人脛骨驗髓盈枯剖叔父比干之心西
伯周武王興師伐紂而遷殷社焉。

八百載　最長久

周自文武開基都於酆鎬成康繼世天下
咸安傳昭王穆王以及共懿孝夷屬凡十

周轍東　王綱墜

二世而屬王以無道失國宣王中興至幽
王復無道而見殺於西戎其子平王東遷
於洛是為東周傳桓莊僖惠襄頃匡定簡
靈景悼敬元貞定哀思考威烈安烈顯慎
靚至赧王而周亡凡東西周共三十八世
八百七十四年有國之最長者也。

逞干戈　尚遊說

周自東遷諸侯強大王令不行列國日尋
干戈互為侵伐游說之士逞口舌為縱橫
之言以興戰鬪而已。

始春秋　終戰國

五霸強　七雄出

平王東遷之始則為春秋孔子絕筆之後
則為戰國春秋諸侯有齊桓公晉文公宋
襄公秦繆公楚莊王迭為雄長盟會諸侯
謂之五霸至於威烈以後諸侯強橫僭恣
稱王憑陵小國吞食殆盡而七雄出焉七
雄者秦楚齊燕韓趙魏也各逞兵戈互相
吞并當五霸時雖云詐力猶假仁義尊王
伐叛有扶傾濟弱之功及乎七雄自王周
室衰微下同小國周祚雖長猶一線之僅
延而已。

嬴秦氏　始兼并

傳二世　楚漢爭

嬴秦國之姓也秦伯益之後非子起自西
戎事周孝王牧馬蕃庶封國於秦至襄公

而國日富繆公而國日強惠文稱王讌食
列國昭襄益大吞并諸侯赧王獻土而周
室亡傳孝文莊襄滅東周君而姬祚盡迫
及始皇帝為莊襄子其母先有娠而生始
皇實呂氏之子冒繼秦祚而嬴氏亡矣始
皇席強大之業奮六國而成一統威武強
暴以臨天下銷兵革築長城焚詩書尚律
令除謚號自稱始皇欲傳國於萬世在位

三十七年東巡狩而崩於沙邱宦者趙高
矯詔殺太子扶蘇而立少子胡亥是為二
世酷暴厚斂斬絕宗枝大興土木戶口逃
亡天下大亂楚人陳勝起兵不成而敗繼
之者項梁項羽立楚後以伐秦秦高祖劉
李為泗上亭長因民之亂合楚興兵入關
滅秦二世已為趙高所弒三世子嬰素車
白馬而降秦有天下才三世四十三年而

亡項羽封高祖為漢王國於西蜀恐其東
歸立雍塞翟三王以阻之未幾漢王出定
三秦與楚戰於成皐凡七十餘戰互有勝
負終會兵於垓下以破楚項王勢窮自剄
而漢興矣

高祖興　漢業建
至孝平　王莽篡

史記之書始於三皇終於漢武班氏作前
漢書以紀西京十二帝前漢高祖姓劉氏
名邦字季沛人也誅秦滅楚而有天下都
長安傳惠文景武昭宣元成哀平孺子凡
十二世而王莽篡位王莽者孝元王皇后
之兄子也以謙恭竊名而致宰相鴆殺平
帝假立孺子復廢之而自立凡九十八年炎
漢復興而誅莽

光武興　為東漢

四百年　終於獻

後漢光武皇帝名秀○景帝七世孫以布衣
起兵誅王莽滅羣盜而復興漢室都洛陽
是為東漢傳明章和殤安順沖質桓靈獻
凡十二世而禪於魏兩漢共歷二十四世○
四百二十五年。

魏蜀吳　爭漢鼎

號三國　迄兩晉

兩漢書後有三國志○三國者何魏蜀吳是
也魏國曹氏名操譙人也當董卓之亂天
子蒙塵操迎駕都許挾天子令諸侯削平

僭亂威德日盛子丕繼立受漢禪位而有
天下國號曰魏傳子叡孫芳髦以及姪
而禪於晉凡五世四十六年○蜀劉氏名備
景帝之後起兵討賊據有荊蜀漢亡稱帝
傳子禪二世四十三年○吳孫權父堅兄
策積累世之業跨有江表傳子亮休孫皓
四世五十九年而滅於晉○三國之祚皆
歸於晉晉司馬氏名炎祖懿伯師父昭四
世執魏政受禪而有天下都於洛陽是為
武帝傳子惠帝懷帝愍帝懷愍俱見殺
於前趙而西晉亡凡四世五十三年○東
晉牛氏司馬懿孫琅琊恭王妃夏侯氏通
牛氏之子而生子睿冒襄王爵據有江表
值晉失國遂稱帝於金陵是為東晉元帝
傳子明帝孫成帝康帝穆帝哀帝
奕以及元帝少子簡文孫孝武帝曾孫安

弟虎虎子世遵鑒祇七世二十三年滅於

冉閔○前燕慕容廆鮮卑部長子廆懷帝

時據鄴稱王廆兗子儁稱帝傳子暐四世

六十三年滅於秦○後燕慕容垂儁子孝

武時叛秦稱帝歷子寶孫盛寶弟熙四世

二十四年滅於高雲○西燕慕容泓儁子

據華陰歷弟冲姪顗冲子瑤泓子忠泓

弟永六世十年滅於後燕○南燕慕容德

帝恭帝凡十一世百二年右兩晉共十五

世一百五十四年○兩晉之間前後僭偽

於北方者凡十八國總計二趙三秦五燕

五涼蜀魏夏而拓拔之代魏不與焉前趙

劉淵單于左賢王惠帝時據平陽稱漢帝

傳子劉聰陷長安執晉二帝傳子和淵姪

曜曜子熙凡五世二十六年滅於後趙○

後趙石勒淵之將元帝時據襄國傳子弘

於夏○前涼張軌晉臣惠帝時據平涼傳

子寔孫茂子駿駿子重華華子曜靈華

弟祚曜靈弟元靚祚弟天錫九世七十八

年滅於秦○後涼呂光秦將據涼傳子紹

慕隆四世十九年滅於後秦○南涼禿髮

烏孤涼將據樂都歷弟利鹿孤傳僵三世

十九年滅於西秦○西涼李暠北涼段業

臣據晉昌傳子歆恂三世十九年滅於北

垂弟據滑臺歷子趙二世十三年滅於晉

○北燕馮政慕容垂臣據龍城歷弟弘二

世二十八年○前秦苻洪穆帝時據長安

歷洪子健生健弟堅堅子丕不登子崇

七世四十六年滅於後秦○後秦姚萇堅

秦據長安歷子興孫泓三世三十四年滅

於晉○西秦乞伏國仁秦將據金城歷弟

乾歸孫熾磐磐子暮末四世四十七年滅

宋齊繼　梁陳承

為南朝　都金陵

見晉書○厖音龐尵音尩僇音戮壇

燕高雲弑慕容熙而自立三年為其下所
殺馮跋繼立雲與冉閔弑逆不終西燕六
主自相戕殺三者不成國餘十六國○俱附

子昌定三世二十五年滅於土谷渾○北
誅之○夏赫連勃勃劉淵之族據統萬傳
魏冉閔石虎養孫殺虎子自立三年燕人
政號漢傳子勢六世四十七年滅於晉○
據廣漢傳子雄稱成帝歷姪班期叔壽
三世四十三年滅於魏○蜀李特惠帝時
其臣沮渠蒙遜弑之自立傳子牧犍兩姓
涼○北涼段業後涼將據張掖稱王五年

圭

北元魏　分東西

宇文周　與高齊

有國史四朝連吳與東晉又號六朝
十三年以上四朝俱都金陵南史之外各
帝文廢帝文弟宣帝宣子後主五世三
陳氏武帝霸先長興人受梁禪傳兄子文

元帝元子敬帝四世五十六年○四曰陳
蕭氏武帝蕭衍齊之族受齊禪傳子簡文
明子東昏和帝七世二十三年○三曰梁
陵人受宋禪傳子武帝孫二少帝姪明帝
八世六十年○二曰齊蕭氏太祖道成蘭
武子廢帝武弟明帝子蒼梧帝凡
裕彭城人受晉禪傳子少帝文帝子孝
此言南朝之史也凡四朝一曰宋高祖劉

圭

北史三朝○一曰魏姓拓拔氏起於朔漠始
聖武帝詰汾神元帝力微世為君長臣服
中國至拓拔猗廬入討內叛始有中國自
稱代王傳弟子鬱律律子什翼健健子珪
以孝武時稱魏都都平陽是為道武帝子
明元子大武武孫高宗高子獻文獻子
孝文始改姓為元氏武傳子宣武子孝明
孝文孫孝莊節閔孝武孝武為其相高歡

三字經訓詁

所過奔於長安是為西魏傳從弟文帝文
子廢帝恭帝而禪於周○東魏靜帝善見
孝文之孫高歡所立都於鄴分魏為二立
十二年而禪於齊自道武至恭帝凡十六
主百七十年恭帝上至聖武三百三十餘
年○二曰齊髙氏始高歡立靜帝世執其
政至子洋而受禪是為齊文宣帝傳子廢
帝弟孝昭武成武子後主五世二十八年

滅於周○三曰周宇文氏宇文泰擁魏孝
武帝於長安世執其政其子孝閔帝覺受
魏禪改號周傳弟孝明孝武子孝宣宣
子孝靜五世二十五年禪於隋○

迨至隋　一土宇
不再傳　失統緒

三字經訓詁

四曰隋楊氏高祖楊堅相周受禪國號曰
隋南平陳國而一天下傳子煬帝荒淫無
度天下大亂不再傳而李氏立恭帝隋亡
矣右隋三世三十七年以上四朝謂之北
史魏齊周隋亦各有史書。

唐高祖　起義師
除隋亂　創國基

二十傳　三百載

梁滅之　國乃改

唐有天下高祖開基皆由其子太宗戡定
禍亂削平僭偽之功也太宗子高宗高子
中宗為母武氏所廢武氏稱制二十年然
後復位中弟睿宗睿子明皇寵楊妃而亂
國安祿山犯京師帝遷西蜀幾亡天下明
子肅宗肅子代宗代子德宗德子順宗順

繼隋者唐也是為唐書唐高祖姓李氏名
淵隴西人仕隋為太原守威望素著隋帝
忌之帝東巡不反關中大亂詔高祖盡討
羣賊高祖懼乃因子太宗之計倡義起兵
入關立煬帝孫恭帝號名天下未幾遂創
業而移隋祚矣

子憲宗憲子穆宗穆子敬宗文宗武宗
弟宣宗宣子懿宗懿子僖宗昭宗昭
宣凡傳國二十世歷年二百八十九而滅
於梁唐之國祚遂改移為梁矣

梁唐晉　及漢周

稱五代　皆有由

繼唐者梁唐晉漢周是為五代史官作五
代史共為一書一曰梁太祖朱溫始為賊
將歸唐為節鎮遂簒唐都於汴貪淫無道
為子友珪所弑三子友貞殺珪自立凡二
世十七年滅於後唐〇二曰後唐莊宗李
存勗本姓朱邪沙陀人先世有功於唐賜
姓李氏封晉王朱氏簒唐與晉世仇滅後
梁而有天下好遊戲而失國父之養子嗣

源代位是為明宗傳子愍帝養子王從珂○
又奪其位凡四世十五年而滅於晉○三
曰後晉高祖石敬塘明宗之壻借遼兵而
滅唐傳子齊王為契丹所滅凡二世十年
○四曰後漢高祖劉知遠逐遼而代晉傳
子隱帝殺戮大臣兵變而亡凡四年
○五曰後周太祖郭威仕漢鎮鄴兵變廢
漢而代之傳養子世宗柴榮威定南北傳

【三字經訓詁】
子恭帝禪於宋凡三世十年石五代各十
三主五十三年附十國紀年五代三世共
擄一方吳王楊行密南唐李昇蜀王建後
蜀孟知祥閩王審知楚馬殷吳越錢鏐南
漢劉隱北漢劉崇荊南高季興凡十僭國
至宋初南北漢唐蜀荊南吳越皆入於宋
惟契丹與宋并立

炎宋興　受周禪

十八傳　南北混

繼五代者宋也宋以火德王故稱炎宋太
祖趙氏名匡允受周禪而都於汴傳弟太
宗太宗子真宗真宗子仁宗太宗曾孫英宗
英宗子神宗神子哲宗徽宗欽宗凡九
帝金人克汴徽欽父子皆降於金○南宋
高宗徽宗子都杭州無子傳太祖八世孫

【三字經訓詁】
孝宗孝子光宗孫寧宗無子傳太祖十一
世孫理宗理子度宗恭帝端宗弟昺
凡九世而亡於元兩宋十八世三百二十
年○北方之國前乎宋者有遼太祖耶律
氏名阿保機傳太宗世宗穆宗景宗聖宗
興宗道宗天祚滅於金德宗自立號西遼
傳仁宗末主凡十二世百七十餘年滅於
乃蠻○後遼而王有金姓完顏氏太祖名

是滅遼而都於燕傳太宗熙宗廢帝世宗
章宗衛王宣宗哀宗末主凡十世一百二
十年滅於元○元太祖姓奇渥溫氏名鐵
木真興自蒙古傳太宗滅金都於燕太宗
子定宗太祖孫憲宗憲弟世祖滅宋而南
北混一傳孫成宗仁宗仁子英
宗成姪泰定武子明宗文宗寧宗順
帝凡十四世百六十五年而滅於明

十七史　全在茲

十七史當時正史之數也一曰史記三皇
五帝三王秦楚以至漢武帝之史漢司馬
遷著二曰前漢書漢班固著三曰後漢書
劉宋范蔚宗著四曰三國志晉陳壽著五
曰晋書唐太宗著六曰宋書梁沈約著七
曰齊書梁蕭子顯著八曰梁書九曰陳書

俱唐姚思廉著十曰北魏書北齊魏收著
十一北齊書唐李百藥著十二北周書唐
令狐德棻著十三隋書唐魏徵著十四宋
齊梁陳南史十五魏齊周隋北史俱唐李
延壽著十六唐書宋祁歐陽修著十七
五代史歐陽修著作者言十七史之大畧
全在于茲也繼此又有宋史遼史金史乃明
元脫脫歐陽元揭後斯著又有元史
宋濂等著共稱二十一史

載治亂　知興衰

史者經國之大典所載者朝廷治亂之由
國祚興衰之理得其道則治失其道則亂
千古如一轍也

讀史者　考實錄

通古今　若親目

言凡讀史須要細心考較君臣紀傳之實
錄與稗官小說真偽不同賢奸治亂彰明
較著通達古今如親眼所見則微辭奧義
可得而明彼短此長可得而評也

口而誦　心而惟

朝於斯　夕於斯

此以下通言讀書之法惟思也凡讀經史
子集諸書要心口相應口誦而心不惟則
扞格而不入心惟而口不誦則神志不專
朝或於斯而夕或不然則所學有時而廢
所得有時而亡非時習之道也

昔仲尼　師項橐

古聖賢　尚勤學

此以下雜引古人以勤勉小子之讀書勤
學也仲尼孔子之字孔子之母禱於尼山
而生孔子故孔子字仲尼項橐魯之聖童
也七歲而為孔子師言聖人生知尚且年
勤好學師傲賢聖之童以自勵況乎今之
小子可不勉歟

趙中令　讀魯論
彼既仕　學且勤

此言既貴而好學也宋趙普相太祖太宗
為中書令故曰中令嘗曰吾以半部論語
相太祖以半部相令皇几世治民安皆讀
論語之功也彼既仕且貴為宰相矣而勤

學好讀。尚且如此。況未仕之小生。可不勉
歟。

彼無書　且知勉

此言無書而好學也。漢以先。非世家無書。
非鈔錄傳寫則無書。又無紙。非絹帛皮幣

披蒲編　削竹簡

簡冊不能鈔錄。貧而無資者不能得書漢
有路溫舒牧羊於大澤。取蒲草編織成席。
惜尚書鈔錄而讀之。公孫弘年五十矣為
人牧豕於寒竹林中。乃以刀削去竹青借
取春秋鈔錄而讀之。二子由是名顯當時
貴為卿相。夫二子貧賤而好學如此。今之
讀書者易求易辦。輕便精良。如此而不好
學豈非自誤乎。

〔三字經訓詁〕

【下段】

頭懸梁　錐刺股　彼不教　自勤苦

此言苦讀之勤也。晉有孫敬讀書夜深常
恐昏倦。乃以頭髻懸於梁上。以妨困睡蘇
秦不遇而歸。為骨肉所賤。乃勵志讀書。每
值懶惰昏倦之時。將利錐刺其股以自警

〔三字經訓詁〕

夫二子之刻苦自勵如此。固無父兄之教
威嚴課督之也。爾輩小生享安居溫飽之
樂。又有賢父兄以教率之。安得不思勉勵
以自奮哉。

如囊螢　如映雪

家雖貧　學不輟

此言貧不廢學也晉車允好學家貧夜讀
無油乃取螢火囊之而藉其光以照讀書
孫康寒夜讀書無油乃出庭前映雪光而
讀夫二子不以貧而廢學終成大名况爾
革有父兄資給可不勉歟

如負薪　如挂角
身雖勞　猶苦卓

此言身勞而好學也漢有朱買臣貧而採
樵不廢讀書方砍柴時置書於林下而讀
負薪而歸懸書於擔頭誦而步行後仕武
帝為會稽守隋李密好學乘牛而讀漢書
將餘本挂兩角之上楊越公見而奇之後
襲爵為蒲山公二子身既勤勞而猶勞苦
堅卓如此况爾革飽食終日無所事事者
乎

蘇老泉　二十七

此言年長而好學者也老泉名洵字明允
宋眉山人蘇東坡之父也老泉幼而失學
至二十七歲始悟其非發憤攻書以成大
名兩子皆大儒世號三蘇

始發憤　讀書籍
彼既老　猶悔遲
爾小生　宜早思

二十七歲雖不為老以人生八歲當入小
學十五當入大學計之則已老矣夫老泉
年既長有室家之累又初不好學而一旦
悔向學之遲發憤以成大名如此至爾革

小生當未老之時宜早思上進亟勉以成
功莫待老而後悔之無及又安能如老泉
天資之高也乎。

對大廷　魁多士

此言好學之心至老而彌篤也大廷天子

之廷魁多士狀元也宋之梁灝苦學一生
未遇及乎年八十有二矣尚能奮發有為
對策大廷而為多士之首。

若梁灝　八十二

彼既成　眾稱異

爾小生　宜立志

彼指梁灝也言灝年高而才雄力健又能

成此大名真古今之獨異者也爾輩讀書
宜以此為法不以未遇而自荒不以不遇
而自廢一心向學至老而不倦以灝自期
無息其志可也。

瑩八歲　能詠詩

此言幼而早成也北齊祖瑩年八歲即能
詠詩成章後為著作郎

泌七歲　能賦棋

唐李泌年始七歲姑子員半千九歲舉神
童明皇問曰外庭尚有如卿者乎對曰舅
子李泌七歲才勝於臣帝令入見時帝方
與張說奕棋帝問曰小子能賦乎對曰能
帝命賦方圓動靜請問其言張說曰方
若棋盤圓若棋子動若棋生靜若棋死泌

對曰。方行義圓若運智。動若騁材靜若
得意。帝大奇之。賜以紫衣。後應相位為社
稷臣

彼穎悟　人稱奇

言祖李二人童年穎悟才能動主早取卿
相

爾幼學　當效之

人稱奇異如此爾幼學之人當以為法
而效之可也

三字經訓詁
九

蔡文姬　能辨琴

謝道韞　能咏吟

言古不獨男子好學雖女子亦有聰明才
智過人者漢蔡伯喈之女字文姬父方操

琴遇猫捕鼠文姬知其琴聲帶殺董卓擅
政豈有憂時之心方操琴而文姬傷其父
琴聲焦殺危難將至父因卓之誅得罪而
死流文姬於胡地文姬作胡笳十八拍之
曲流入中國幽怨哀傷曹孟德聞之以千
金贖回而配士人董祀謝道韞晉宰相謝
安之兄女幼能咏詩庭中大雪安問諸子
姪云大雪紛紛何所似姪琰對曰撒鹽空

三字經訓詁
十

中差可擬道韞對曰未若柳絮因風起安
大奇之後嫁王右軍子凝之夫死以節著

彼女子　且聰敏

言蔡文姬道韞不過女子耳且能聰明敏捷

爾男子　當自警

審音如此其精明應對如此其穎異況爾

輩皆男子也豈可不如女子而自頹其志
乎當以此自警而自惕可也

此又引神童之事以明穎悟之才唐有劉
晏年方七歲值明皇幸華清宮晏攔駕上

唐劉晏　方七歲

舉神童　作正字

三字經訓詁

書帝大奇之謂之神童授翰林正字一日
詔見楊妃愛之命坐於膝上親為縮髻帝
問之曰卿為正字正得幾字晏俯伏對曰
諸字皆正惟有朋字不正盖朋字似兩月
字而體不正且以諷當時讒臣用事寵倖
多門此而為奸也明皇大異之後應仕
明肅代官至戶部尚書平章事晏不惟
聰穎而崇正黜邪之心已見於此矣○縮

音悅譬音計黜音出

彼雖幼　身已仕

言晏雖七歲幼童然已身入仕林矣爾等
幼學當勉力以效之可矣

爾幼學　勉而致

有為者　亦若是

人但不能奮發有為耳彼劉晏亦人也效
之何難

三字經訓詁

犬守夜　雞司晨

苟不學　曷為人

爾曷不下觀於物類以自警乎犬與雞皆
畜也犬則有守夜之能使人不敢犯雞則

有司晨報曉之能使人知而早起夫雞犬之
微尚有可取之處況人為萬物之靈豈可
晏然自安乎自古大聖大賢皆由學而後
成人苟不學則終歸下流反不及雞犬之
可取則亦何以為人哉

蠶吐絲　蜂釀蜜
人不學　不如物

又不觀之於蜂與蠶乎彼蠶蜂至微之物
也無求於人為人所畜蠶則有吐絲結繭
以成幣帛之功蜂則有採花釀蜜以資服
食之用為物也小大汝等堂堂男
子倘如不學而荒其業是昆蟲之不如也

幼而學　壯而行
人之生也非徒事於誦讀而已幼而學聖

賢之言將以壯而行聖賢之行也若徒學
而不行其行又何取於學也

上致君　下澤民
壯行云何士君子得志而行其道也上以
能致其君為堯舜之君下以能澤其民如
堯舜之民所謂窮則獨善其身達則兼善
天下

揚名聲　顯父母
光於前　裕於後
學為大儒聲名達於四方仕為名臣褒寵
加於父母或全忠盡孝百世流芳或正直
公廉一時頌德俱揚名顯親之事也人能
以道德勳猷揚顯於世則盛德大業光耀

於祖宗積慶鍾祥垂裕於後世豈非讀書
之大效哉

人遺子　金滿籝
我教子　惟一經

此總結上文言凡人遺留與子孫者但重
金銀我則惟以一經教子使學為聖賢而

三字經訓詁

巳語云黃金滿籝不如教子一經是也

勤有功　戲無益
戒之哉　宜勉力

此總戒後學之辭言凡人殷勤向學則有
日進之功若怠惰嬉戲則無益而有損也

爾輩宜戒之戒之不可不勉力勵志於學

以成大儒也

三字經訓詁